항만공사직원을 위한
일본어 쉽게 공부하기

수학연구사

목 차

Ⅰ. 서론

1. 머리말

가장 효율적인 외국어 공부법

한번만 보고 외국어 단어를 외울 수 있다면 얼마나 좋을까? 이것은 우리 공부하는 사람들이 늘 가지는 소원이다. 그러나 외국어는 그렇게 되지 않는다. 단 그 중에서도 베스트 시도를 해서 성공한 것이 필자가 소개하는 방법이다. 그리고 필자가 소개하는 단어 외우는 방법이 가장 효율적이고, 빠르고 오래 간다는 것이 이제 입소문을 많이 타고 있다. 외국어 공부를 하면 처음에는 만들 때나 들을 때는 아는데 돌아서면 까먹는다. 그게 중요하다. 외국어는 평생 필생 헷갈린다. 그건 외국어이기 때문이다. 그게 숙명이다.

역지사지

특히 발음의 문제에서는 예를 들어 일본어의 일본 사람들의 발음의 입장을 생각하면 쉽게 이해가 되는 소리치환 등이 있다. 그것을 풀어나가면 아주 쉽게 일본어 정복이 된다.

일본어 단어들을 구성하는 다음 원리를 잘 알아야 한다: 음독훈독겸독(의소리)

지리적 위치로 봤을 때 일본이 중국과 한국을 거쳐서 한자 영향권에 들어왔음은 딱히 부인할 것도 없다. 지리적이 그러니 말이다.

그래서 단어의 형성에 있어서도 그런 영향과 변천을 가지고 옴을 생각하고 외우면 아주 쉽게 외워진다.

우리로 치면 음독 소리는 고유어가 아니고 중국에서 온 거고 훈독소리는 그 나라 것 즉 우리는 우리나라 것, 일본은 일본 것이다. 그런데 그게 구별을 잘 하지 않고 보면 원류적 공부가 안 된다.

염두에 둘 것은 음독, 훈독 그리고 음훈, 겸독이 있다는 점이다. 완전히 중국소리도 아니고 완전히 한일 소리도 아닌 것에 대해서 말이다. 그것을 조심해야 한다.

한국이 완충지대로서 음독이 훈독이 되기도 하는 완충의 역할을 한다. 그런 관점으로 보면 좀 더 암기적 이해가 빠르다.

한 이라고 하면 음적인 한인지 훈적인 한인지 헷갈리지 않는가? 바로 음독 훈독 겸독이 그런 것이다.

결과론적 해석이 아니냐고 하시는 분들에게는 지리적 여건을 보라고 하고 싶다. 과거의 학자들 예를 들어서 튀넨의 지형학설에 따라서도 말이다.

2. 이 책이 필요한 사람들

어학은 급하게 실력이 오르지 않는다. 그래서 다음과 같은 사람들이 이 책에서 도움을 받게 하려고 한다.

1) 급하게 일본어 시험 성적이 필요한 사람들

특히 JLPT 시험에서 말이다.

2) 급하게 이민이나 유학을 가게 된 사람들

급하게 대학이나 고교 그리고 대학원 이상의 유학을 가게 된 분들에게 이 책의 빠른 단어 학습을 권한다.

3. 이 책의 제시

이 책은 족보형 스타일의 책이다

아주 정식의 책 스타일이라기보다는 선배가 공부하고 건네주는 비밀 노트의 형식으로 되어 있다. 다소 형식이 어눌한 부분은 그런 점 때문이니 이해해 주기 바란다.

한글의 순서대로 집필했다

단어는 한글로 외우는 게 가장 빠르다. 이는 수많은 학습자들이 증명한다. 이를 통해 소리에 집중하고 더 단어에 잘 외우게 된다. 그래서 가나다 순서가 중요하다. 이것은 언제라도 출격의 준비가 되어 있기 때문이다. 실제회화에서는 그게 명사인지 동사인지 등의 카테고리 분류를 할 시간이 없다. 회화는 완전 실시간이기 때문이다. 그러니 일본어의 순서가 아니라 한글의 순서로 진행됨에 당황하지 말지어다.

비법 스토리를 가지고 외워라

여기서 제시한 문장공식을 가지고 외워라. 외운다기보다는 자연스럽게 다독해라. 그러다 보면 자연히 일본어 단어와 한글 뜻이 매치되어 감을 느끼게 된다.

발음원리상 파악이 쉽게 가능한 어휘들도 다소 포함이 되었다

필자가 제시하는 발음상의 치환원리로 그 뜻이 쉽게 파악이 되는 단어도 다소 추가를 했다.

단어의 상세 해설은 뺐다

이 책은 사전이 아니다. 단어장도 아니다. 단어를 속성으로 빨리 외우게 하는 책이다. 그러기에 너무 그 단어에 대한 상세한 해설은 뺐다. 그것은 나중에 본인들이 참고로 적기 바란다.

해설의 충실도

해설의 충실도에 대해서는 다소 무시한다. 하나의 단어에는 무척 많은 소개가 필요할 것이다. 양해를 구하는 부분이다.

한자 훈독의 단어는 그다지 포함이 많이 안 되었다

한자 훈독의 단어는 그다지 포함이 많이 안 되었다. 한자가 어려워보여도 그것은 반복의 힘으로 많이 해결되기 때문이다. 우리는 그것들보다도 더 어렵고 손이 가고 정말로 잘 안 외워지는 단어들에 중점을 두어서 제작을 했다.

어원에 대해서도 가능한 한 충실히 소개

의외로 일본어 실력자들에게서도 일본어 단어의 어원을 잘 모르는 경우가 있음을 보고 놀란 적이 한두 번이 아니다. 어원을 알면 외우지 않아도 단어 공부가 된다.

반드시 외워야 하는데, 암기공식이 아직은 없는 단어들도 상당히 수록되어 있다. 그것은 앞으로의 노력이 해결 답을 줄 수 있는 부분들이다.

좀 쉽거나 의미가 중요치 않은 단어는 한글 소리만 제시한 것도 있다. 한글로 공부함에 대한 강조이다. 그리하기에 그 소리에 집중하라.

4. 이 책의 이용법

여기에 없는 단어는 본인이 스토리를 만들어서 외워라

중간 예문 등을 자기식대로 고침도 가능하다. 그래서 자신의 주변 인물들에 대해서 이야기를 놓음이 가능하다. 자주 보는 사물을 넣는 것도 가능하다. 주말을 이용해서 집중해서 하라.

작문을 많이 해봐라

억지로는 말고 하고 싶어지면 말이다. 작문이 가능하면 그것은 어느 정도 수준에 오른 것으로 봐야 한다. 작문이 하고 싶어진다. 머리에 파일이 많이 쌓이면 자꾸 작문을 하고 싶어진다.

온갖 감각 다 동원해서 암기하라

모든 감각 즉, 5감을 다 동원하라. 청각, 시각, 후각, 미각, 촉각 말이다. 그래서라도 지금의 예문 공식을 만들 때 가급적 시각적인 것이 남을 수 있게 노력을 했다. 다소 억지 가상적 상황을 제시한 것도 있다.

한꺼번에 너무 많은 뜻을 외우지 마라

하나의 단어는 다소 유사한 여러 가지 뜻을 가지고 있다. 그것을 다 외우려고 하지 말라. 그것이 머리를 아프게 한다. 일단 가장 중요한 뜻 하나가 장착되게 해라. 나머지는 따라서 오게 하라.

테스트를 하듯이 단어장을 봐야 한다

연달아 나와야 한다. 그게 단어 실력이 된다. 그래서 계속 보되 그냥 기계적으로 보는 것만으로는 좀 곤란하고 답을 가리고 시험을 보듯이 봐야 한다.

Ⅲ. 단어 정리

가 Part

가가꾸 価格かかく 가격

[비법-가가꾸가 음독으로 우리말 가격과 일치하고 있다]

가가시 かかし 허수아비

[비법-시는 사람이나 물건을 의미하는 子가 되고 가가 는 우리 음독 훈독 어감으로도 가짜이다. 그래서 가짜 사람이다]

가가야꾸 かがやく[輝く·耀く]빛나다 반짝이다

[비법-우리가 지금이 야전등이니 엘이디니 하지만 과거에는 초의 붉은 빛이나 태양의 붉은 빛이다. 그래서 이것은 아까라메루처럼 붉게 빛남을 의미한다. 그래서 복합이 되어서 가가야꾸가 된다]

가가에루 かかえる[抱える]1.(껴)안다

[비법-음독으로 가까이둚을 의미한다; 품에 안으니 가까이 오는 것이다]

가게 그늘 陰

[비법-가게루는 掛 이어서 늘어뜰이다이다. 채우다 잠그다 의미가 있다. 한마디로 접촉적이다. 그래서 여기서의 가게는 괘 와 음감을 같이 한다. 첨언하면 고가께는 나무그늘 こかげ [木陰·木蔭]을 의미한다. 원래는 '기'인데 고로 변한 경우이다. 특히 나무를 기 라고 하는 것은 나뭇가지 가 지로 되는 것에서 유래한다]

가게끼	과격
가게라	かけら[欠片] [欠けら][명사] (부서진) 조각; 단편(斷片).부서진 조각; 파편.[일반-欠는 가게루로써 부수다는 의미가 되어서 명사형이 되어서 가게라는 파편이다]
가게루	かげる[陰る·翳る] 그늘지다; 흐려지다; (해가) 가리다 [비법-이는 가게루, 즉 掛 늘어지다에서 같이 외운다]
가고우	かこう[囲う] 둘러싸다
가구레루	かくれる[隠れる] 숨다 [비법-이는 숨기다의 가구수에서 피동으로 해서 외운다]
가꼬	학교
가꼬	과거 (가꼬니와 과거에는)
가꼬무	かこむ[囲む]둘러싸다
가꾸가꾸	がくがく자꾸 떨리는 모양 : 바들바들; 부들부들; 오들오들
가꾸가꾸	がくがく[諤諤]1.악악; 거리낌 없이 바른 말을 논술하는 모양. 2.시끄럽게 지껄여대는 모양
가꾸가꾸	かくかく[斯く斯く][부사] 이렇게 이렇게; 이러이러; 여차여차(=동의어かようかよう·しかじか)
가꾸닌	確認 확인
가꾸도꾸	かくとく[獲得] 획득
가꾸메이	혁명

가꾸신한	확신범
가꾸이	학위 學位
가꾸이	各位 각 사람
가꾸호	かくほ[確保][명사][ス타동사] 확보
가꾸호	かくほう[確報][명사] 확보; 확실한 보도[소식]
가꾸호	かくほう[各方]각 방면
가끼루	한하다 限
가나리	제법 어지간히 꽤 かなり[可成·可也] [비법-한자로 분석이 된다]
가나리	아름답다
가나리	가능하다 해도 좋다
가나이나이	かなわない[敵わない] 대적할 수가 없다 [비법-가나우는 대적하다]
가네가시	かねかし[金貸(し)][명사][ス자동사] 돈놀이(꾼); 대금업(자)
가노세이	가능성
가다	方
가다	型 体
가다	片
가다이	かだい[課題][명사] 과제; 제목(題目); 문제; 또, 주어진 문제; 임무
가다이	かだい[過大][명ノナ] 과대 (↔반의어過小)
가다이	かだい[架台] 발판
가다찌	かたち[形] 몸 형태

가데이	가정
가도(니)	과도(하게)
가라이	맵다
가레시	かれし[彼氏] 그는
가리루	빌리다 借かりる [비법-화투칠 때 사람들이 가리한다고 해서 패를 처음에 빌리는 것을 의미한다]
가리모노	かりもの[借(り)物] 빌려 쓰는 물건 [비법:가리와 모노를 같이 결합해서 암기한다]
가바우	かばう [庇う]감싸다; 비호하다(감쌀 비) [비법-갑바가 좋다고 표현한다]
가사이	火災かさい; 화재
가슈	가수
가스가니	かすかに 희미하게 [비법-긁다가 가스루이다 그래서 이는 아주 가벼운 모양]
가스레루	긁히다 擦 [비법-가스에서 유래한다-가스나]
가스미가세끼	かすみがせき[霞が関] [비법-긁다가 가스루이다 그래서 이는 아주 가벼운 모양. 그래서 안개이다]
가시	하자 瑕疵かし;
가오리	かおり[薫り·香り] 향기 좋은 냄새
가와	천 川
가와	皮
가와	側

가와가스	かわかす[乾かす] 마르다
가와라	かわら[川原·河原·磧][명사] 강가의 모래 [자갈]밭; 바닥이 드러난 강변 [비법-가와는 천, 강 와라는 근본을 의미한다 모토처럼]
가와루	가와루는 변하다, 가에루는 바꾸다
가와스	かわす[交(わ)す] 변하다
가와시이	형용사를 만드는 어미
가이기	かいぎ[会議] [명사] 회의
가이기	かいぎ[懐疑] 회의
가이넨	개념
가이긴	がいきん[外勤] 외근
가이닌	かいにん[解任]해임
가이다이	かいたい[解体]해체
가이단	계단
가이단	회담
가아단	괴담
가이데이	かいてい[改定][명사][スㅏ타동사] 개정
가이데이	かいてい[改訂][명사][スㅏ타동사] 개정
가이데이	かいてい[海底][명사] 해저; 바다 밑
가이라이	がいらい[外来]외래
가이로	かいろ[海路]해로
가이로	회로
가이뢰	가로 (가로등 할 때의 가로)
가이마구센	개막전

가이사이	開催かいさい 개최
가이사쯔구찌	개찰구
가이산	かいさん[解散] 해산
가이세끼	かいせき[解析] 해석 (중국어는 하이스)
가이세끼	회석
가이세이	개정
가이세이	개성
가이세쯔	해설
가이센	개선
가이소꾸	해적
가이쇼	かいしょ[会所] 회소; 집회소
가이쇼	かいしょう[解消]해소
가이슈	회수
가이슈	개수 고침
가이슈꾸	해석
가이시쯔	かいしつ[改質] 개질
가이신	회심, 마음에 듦
가이신	개신, 경신
가이신	회신
가이신	회진
가이신	(경)계심
가이죠	해제
가이죠	시중 듦
가이후꾸	回復かいふく; 회복
가자루	かざる[飾る]장식하다

	[비법-가자리가시かざりがし[飾り菓子]는 '관혼상제 등에 쓰는 의식(儀式)용 과자]
가즈도우	활동
	[비법-이것은 그냥 완전히 음독으로 해서 읽은 것인다 활은 가즈 동은 도우가 된다]
가지루	かじる[齧る]갉(아먹)다; 베어 먹다
	[비법-담배한가치처럼 하나의 조작을 베어무는 조각 등이 가지이다. 그래서 가지루이다]
간게이	がんけい[眼形][명사] 안형; 바둑에서 사는 형태를 갖춘 돌의 모양
간게이	かんけい 관계
간겐	還元かんげん 환원
간고	かんご[歓語] 환담
	[비법-말은 환담이라고 했지만 일본어에서는 환어라고 표현을 하고 그 어는 '고'로 해서 발음한다]
간교	環境 환경[종이]
간꼬	かんこう[観光][명사][ス타동사] 관광
간꼬(간고	がんこ[頑固]
간엔	肝炎かんえん 간염
간지	感じかんじ (멋, 맵시): '느낌'을 뜻함
간지	한자
간지루	かんじる[感じる] 느끼다
갓가리	がっかり 실망하는 모양
	[비법-[등가:영어;동사](디스)커리(지)가 실망하다이다]

갓고	かっこ[各個] [명사] 각개; 각각; 제각기(=동의어 めいめい·それぞれ)
갓고	かっこ[確固·確乎] [トタル] 확고
갓고	格好かっこう 모습
갓쇼	合唱(합창) がっしょう, [비법-한자를 일본어로 발음할 때는 일본어의 거북함 등을 감안해야 한다:여기서의 창은 일본어 발음에 없다 그래서 '쇼'가 되었다]
갸꾸다이	虐待ぎゃくたい. 학대
갸꾸세쯔	ぎゃくせつ [逆説]역설
갼세루	キャンセル(cancel) 캔슬, 취소
갸고우까	ぎゃっこうか [逆効果] [비법-갸은 일본어로 역인데 역은 일본어 발음이 어렵다는 염두에 두면 결과가 나온다]
게루	ける[蹴る]차다 [비법-(의태어포함동가:프랑스어;claquer 클라케(루))
게쇼	けしょう[化粧] 화장; 겉을 아름답게 꾸밈; 단장
게쇼	けいしょう[軽捷]1.경첩 2.몸이 날렵하고 민첩함 3.손쉽게 빨리함
게시까라누	けしからぬ [怪しからぬ] 무엄하다
게시끼	경치, 풍경
게시끼	형식[종이]
게요	경량
게이가꾸데끼	計画的けいかくてき 계획적

게이겐	けいげん[軽減][명사][スタ·자동사] 경감
게이겐	けいけん[経験][명사][スタ동사] 경험
게이겐	けいけん[敬虔][ダナ] 경건
게이노	예능 芸能げいのう [비법-게이는 예인데 일본어에서 예라는 발음은 없다. 대신에 계도 없어서 게이식으로 해서 규나 계는 게이로 간다]
게이따이	휴대
게이슈쯔가	芸術家 예술가
게이시죠	경시청
게이쥬쯔	芸術げいじゅつ; 예술
게이즈	けいず[系図] 계통도
게지반	게시판
게쯔에기	피 혈액
겐고	けんこう[健康][명사][ダナ] 1.건강 2.몸에 탈이 없이 튼튼함 3.건전
겐고	げんこう[原稿] [명사] 원고(=동의어草稿)
겐고	げんこう[現行]
겐고	げんご[言語][명사] 언어; 말(=동의어ことば)
겐고	けんご[堅固] 견고
겐고	げんご[原語][명사] 원어(↔반의어訳語)
겐고	げんごう[元号][명사] 원호; 연호(年號)(=동의어年号)
겐기	けんぎ[嫌疑][명사] 혐의(=동의어容疑)
겐기	けんぎ[建議][명사][スタ동사] 건의
겐데이	限定げんてい 한정

겐또	けんとう[見当] 목표 (=동의어めあて)
겐또	けんとう[検討] 검토
겐민	けんみん[県民] 현민
겐바	げんば[現場]현장
겐뽀	헌법
겐사꾸	검색
겐사꾸	げんさく[原作][명사] 원작
겐사꾸	けんさく[建策]계책을 세움
겐센	げんせん[厳選][명사][スタ동사] 엄선
겐소꾸	げんそく[原則][명사] 원칙
겐소꾸	げんそく[減速] 감속
겐쇼	현상
겐쇼	감소
겐수	건수
겐슈	연수
겐시	원시
겐시	검시
겐인	原因げんいん원인
겐자이	현재 現在
겐죠	현상
겐쥬	げんじゅう[厳重][ダナ] 엄중
겐지꾸	建築けんちく
겐지쯔	げんじつ[現実] [명사] 현실
겟가	결과
겟곤	결혼

겟도	けっとう[血糖]혈당
겟쇼	けっしょう[結晶] [명사][スズ자동사] 결정
겟쇼	けっしょう[決勝][명사] 결승
겟시떼	결코
겟데이	결정 決定
겟지꾸	접착
고가꾸	공학
고가꾸	어학[좋이]
고가꾸	후학
고고에루	こごえる[凍える]얼어붙다
	[비법-연관의태어: 한국어: 꽁꽁얼다이다. 그러나 일본어는 공공 같은 단어는 없기에 다르게 한다]
고기부리	ゴキブリ 고키부리 바퀴벌레
	[비법-동등;영어-코크라치'cockroach']
고꼬로	こころ
고꾸나이	국내의
고꾸나이	ごくない[極内]
고꾸단	극단
고꾸세끼	국적
고꾸지	こくじ[告示] 고시
고나고나	こなごな[こなごな·粉粉] 산산이
	[비법-관련동사:영어-브로큰 broken]
고노	こうのう [効能·功能] 효능
고노하	このは[木の葉]나뭇잎
	[일반-원래 나무는 주로 '기'로 소리가 나지만 여

기서는 음감 때문에 고로 바꾼 것임. 엽이 하가 되는 것은 일본어에서는 엽처럼 여 발음도 힘들고 거기에 비읍의 받침도 구현이 되어야 한다. 그래서 엽이 하가 되었다]

고다와루 엄선하다 こだわる[拘る·拘泥る]

[비법-고다는 구 이다 구가 구로 바로가지는 않았다]

고다와리 こだわり[拘り·拘泥り] 마음이 쓰임, 구애됨

고다이시 황태자

[비법-황은 고 태는 다시 자는 시로 번역이 된다]

고다쯔 ごうだつ[強奪] 강탈

고다쯔 こうだつ[劫奪] 겁탈

고다쯔 こたつ[火燵·炬燵] 고다쯔

고텐 こてん [古典] 고전

고텐 와전 誤傳

고도 행동 行動

고도와루 끊다 断 ことわる [断(わ)る·辞わる·謝わる]

[비법-고는 앞서붙인 것이고 도 는 단이다 그래서 고도와루가 되었다]

고따이 こうたい[交替·交代] [명사][ス자동사] 교체; 교대

고로가스 구르다転

[비법-영어;동등-롤roll]

고마까이 こまかい[細かい]잘다

[비법-동등:한국어;고만고만하다]

고마루 こまる[困る] 5단 자동사. 곤란하다

고마샤루	커머셜 광고(커머셜)
고멘	ごめん[御免]1.면허·공인(公認)·특허의 높임말 2.면직의 높임말 3.용서·사면의 높임말; 전하여, 방문·사과를 할 때의 인사말 [비법-여기서의 고는 겸양어. 그래서 봐주세요가 되면 고멘나사이]
고멘	こうめん[後面][명사] 후면; 뒷면 (↔반의어前面)
고멘	こめん[湖面][명사] 호면; 호수(의 표)면
고모루	가득 차다こもる[籠(も)る·隠る·篭る] [비법-籠는 상자나 박스를 의미하는 농이다. 그런데 일본어는 나 니은이 마 미음으로 더 편하게 발음하게 되게 위해서 바뀐다. 그래서 고모루가 되었다]
고세이	こうせい[公正] [명사][ダナ] 공정
고세이	ごうせい[合成] [명사][ス타동사] 합성
고세이	こせい[個性] [명사] 개성(↔ 반의어 一般性·普遍性)
고세이	こうせい[更生·甦生] [명사][ス자동사] 갱생; 새로워짐; 소생
고세이	こうせい[厚生] [명사] 후생
고세이	고생(중고생)
고소꾸	こうそく[高速] 고속
고소꾸	こうそく[拘束] [명사][スタ동사] 구속(↔반의어解放)
고소꾸	こうそく[校則] [명사] 교칙; 학교의 규칙 (=동의어校規)
고소꾸	こうそく[梗塞] [명사][ス자동사] 경색; 막혀서 통하

지 않음

고쇼 고장

고쇼 교섭

고쇼 こしょう [胡椒]후추

[비법-고는 오랑캐 호가 변한 것이다. 오랑캐가 쓰는 즉 서양인이나 아라비아인들이 쓰는 산초라는 의미가 된다]

고쇼겐 교섭권

고슈 こうしゅう[公衆][명사] 공중

[비법-중과 같은 발음은 일본인들에게는 취약이다. 그래서 중은 슈로 발음이 바뀌었다]

고에 こえ[声] 목소리

[비법-고래고래 소리치듯이 해서 고에는 소리이다]

고에끼 こうえき[公益][명사] 공익(↔반의어私益)

고에끼 こうえき[交易][명사][スル타동사] 교역; 무역

고에루 초과하다 こえる [超える] [越える] (때가) 지나가다, 넘기다. (어떤 기준이나 수치를) 넘다, 넘어서다, 초과하다. 초월하다

[비법-고는 형식적 어두이고 월은 에루가 된다. 그래서 초가 되어도 이것은 월에서 나온 것이어서 초월이 된다]

고오리 얼음 氷

[비법-공공 얼음이 언 의태적인 차용이다. 그래서 고오는 공공의 의미가 된다]

고와수 こわす[壊す·毀す] 부서지다, 부수다

	[비법-여기서 고는 형식적 어두이고 와는 회(괴,파괴)가 된다. 고와는 훈독으로서 우리의 고장과 의미가 같다:고장나게 하는 것이다]
고와이	こわい [怖い·恐い] 무섭다
	[비법-고와는 훈독으로 우리의 공포이다. 그들은 공 같은 받침이 없다보니 자연스럽게 공이 고가 된다. 아니면 허사적 어두로 봐도 된다]
고와이	こわい [強い·剛い] 딱딱하다, 고집이 세다
	[비법-한국말 음독훈독겸독 강이 일본어에 영향을 미친 경우이다. 즉 강의 고와가 된다]
고요	こうよう[紅葉]단풍[종이]
	[비법-홍엽이 고요가 된다. 홍은 일본어에서 딱히 발음이 나타내기 힘들어서 고가 되고, 엽은 하가 되기도 하나 고하는 발음이 어려워서 고요가 되었다]
고요	공용
고요	효용
고요지	천황사는 곳(내 생각)
고요지	こようじ[小ようじ·小楊枝] 이쑤시개
고우가꾸	합격 合格
고쥬	こうちゅう[口中] 입 속
고지	공사
고지까라	こぢから[小力] (무시 못 할) 다소의 힘
고진	고인
고진	개인

고쯔	뼈 (돈고츠)
고하세	小鉤こはぜ[鞐] 메뚜기. 메뚜기모양의 찝어두는 물건
	[비법-하제는 우리나라한자 메뚜기 황의 음독과 같다. 蝗 메뚜기 황 이다]
고하이	후배
	[비법-고눈 후 이고 배는 하이가 된다]
고호우	ごほう[語法]어법
고후꾸	행복
곤가쯔	こんかつ[婚活]
곤게츠	こんげつ[今月]
곤까이	こんかい[今回]
곤단	간담
곤도	こんど[今度][명사] 이번; 금번(=동의어この度)
곤도	こんどう[混同][명사][スタ·자동사] 혼동
곤도	こんどう[金堂] [불교] 금당
곤도	こんどう[金銅][명사] 금동
곳기	こっき[国旗] 국기
교레쯔	ぎょうれつ[行列] 행렬
교료꾸	협력 協力
교리	距離きょり; 거리
교사	ぎょうさ[業作] 업작, 작업
교세이	きょうせい [強制]강제
교소	협조
교쇼	경쟁

교엔 きょうえん [共演] [명사][スᄌ자동사] 공연

교엔 きょうえん[競演] [명사][スᄐ타동사] 경연

교우까 強化きょうか 강화

교우꼬하 강경파 強硬派きょうこうは

교우끼 흉기

교쵸 きょうちょう強調 강조

교쵸 협조

교쵸세이 협조성 協調きょうちょう

교쥬 享受 향수

구다루 くだる[下る·降る] 내려가다
[비법-우리말훈독내려가다가 (내려)구다와 유사성을 갖고 있다]

구라게 1.해파리 くらげ[水母·海月] 2. 근골(筋骨)이 발달되지 못한 사람의 비유. 3. 줏대가 없는 사람의 비유, 무골충.
[비법-구라로 형태나 몸이 있는 사람이나 동물의 의미이다]

고까이모노 소소한 것들 [小買い物]

구라베루 くらべる [比べる·較べる·競べる] 비교하다
[비법-구라는 형태나 틀인데 그것을 베루 즉 놓다니까 두 개를 내려놓아서 비교를 하게 한거다]

구라스 くらす[暮(ら)す 살다
[비법-구라 구레는 형태를 완결지음을 의미하기에 시간으로 보면 저녁이 된다. 최종마무리 말이다 그래서 구라스는 잘 지내고 버티어서 잘 끝냄을 의

	미한다.]
구라이	くらい[位][명사] 1.지위; 계급 2.품격; 품위; 관록 3.정도
구라이	くらい[暗い] 어둡다
	[비법-구라가 완결의 의미이면서 저녁의 의미를 가지니까 형용사나 빛의 관점에서는 어두울 수밖에 없다. 거기에 흑의 의미를 가지는 구로이도 유사어감으로 온다]
구로	苦労くろう; 고생
구로지	흑자
구루구루	뱅뱅; 뱅글뱅글
	[비법-뱅글뱅글 구루는 모양으로서 구루구루가 된다]
구루미	호두 くるみ[胡桃] [명사][식물] 호두
	[비법-중국의 입장에서는 자기네 원산지가 아니면 다 오랑캐. 그래서 호자가 붙었다
구비스지	くびすじ[首筋·頸筋]목덜미
구스루	ぐする[具する·倶する]갖추어지다
기노세이	機能きのう性せい 기능성

나 Part

나이요	내용
네가우	원하다(오네가이시마스)
네가이	ねがい[願(い)] 원함
네루	ねる[寝る] 잠을 자다
노루	타다 乘 [비법-이는 날다에서 유래가 되었다고 봐야 한다 그래서 노가 날이 된다]
노죠	のうじょう[農場]농장
노찌	후(에) ストレートの後に左折 노찌니 사세쯔
놉뽀	のっぽ 키가 큼
뇨로뇨로	にょろにょろ [부사] 뱀 같은 긴 물건이 꾸불거리는 모양: 꿈틀꿈틀
뇨헤이	尿閉にょうへい 뇨폐
누케다스	ぬけだす[抜け出す] 빠져나가다
누케루	빠지다 抜
뉴낀	입금
뉴샤	にゅうしゃ[入社] 입사
뉴슈	입수 入收
니가사	にがさ[荷がさ·荷嵩] 짐이 부피가 큼 [비법-여기서 嵩은 높은 산 숭의 한자이고 훈독으로는 가사가 된다. 그래서 이 말은 병렬적으로 배치한 단어이다]
니기리	にぎり[握り]움켜쥠 손잡이
니기리스시	바로 말아주는 스시
니또류	にとうりゅう[二刀流] 두 개를 다 잘하는 사람

니모쯔	にもつ[荷物] 화물
니세모노	にせもの[偽物·贋物] 위조품

다 Part

다까사	たかさ[高さ]높이
다까다까	많아봐야, 고작
다까라	보물
다까라모노	보물
다노	이라든가
다노시메루	たのしめる[楽しめる]즐길 수 있다
다메	だめ[駄目] 소용없음; 효과가 없음(=동의어むだ)
다메	ため[為][명사] 이익·행복 등 유리한 것; 위함
다메루	모으다 貯[비법-담에루 (예물을) 모으다]
다베스끼	たべすぎ [食べ過ぎ] 과식
다비(1)	여행 旅
다비(2)	정도 빈도 度 때
다스가루	살아나다(다스갓다 살았다)
다스게	도움
다수	多数たすう 다수
다오레루	倒たおれる 쓰러지다
다이가구센	たいかくせん[対角線] 대각선
다이가이	たいかい[大会][명사] 대회
다이가이	たいかい[大海][명사] 대해; 큰 바다
다이가이	たいかい[大塊] 대괴
다이가쯔	だいかつ[大喝] 크게 꾸짖음
다이게쯔	たいけつ[対決][명사][ス자동사] 대결
다이게쯔	だいけつ[代決][명사][ス타동사] 대결; 대리 결재

다이곤	だいこん[大根] 무
다이기보	大規模だいきぼ; 대규모
다이다이	だいだい[代代] 역대, 대대로
다이또	태도
다이사꾸	대작
다이사꾸	대책
다이산샤	제삼자
다이샤	退社たいしゃ퇴사
다이세이꼬	大成功だいせいこう; 대성공
다이세쯔	たいせつ[大切] 1.중요 2.귀중; 소중
다이세쯔	たいせつ[大雪][명사] 대설
다이소	体操たいそう 체조
다이쇼	たいしょ[対処][명사][ス자동사] 대처
다이쇼	対象たいしょう 대상
다이시쯔	たいしつ[体質]체질
다이오	대응 大應
다이오	대왕 大王
다이요	대양
다이요	대용 代用
다이요지	たいようじ[太陽時]
다이이꾸간	体育たいいく館かん 체육관
다이이찌	だいいち[第一] 제일
다이인	退院たいいん 퇴원
다이진	大臣 대신, 장관
다이진	大人たいじん 대인, 성인

다이하이	대패
다이호	[명사]逮捕たいほ 체포
데아데	手当てあて 치료 [비법-말 자체는 수당이지만 손으로 딱 떨어지게 적절히 하는 일이니 치료라고 기억한다]
데이네이	ていねい[ていねい·丁寧·叮嚀] 친절함; 정중함; 공손함 [비법-여기서의 정은 정수리 즉 올곧은 것을 의미하고 녕은 편안할 녕이다. 그래서 정중하고 공손한 뜻이 된다]
데이도	程度ていど; 정도
데이지	제시
데쯔기	てつき[手付き] 손짓, 손놀림
데쯔도	철도
덴겐	전원
덴겐	점검点検てんけん
덴교	てんぎょう[転業]전업
덴난가이	전람회
덴데이	번개 でんてい [電霆]
덴덴	でんでん 북소리 : 둥둥
덴덴	てんでん [명사] 각자; (제)각기; 각각(=동의어めいめい·それぞれ)
덴덴	てんてん[点点] 몇 개의 점
덴덴	てんてん[転転] 1.전전 2.여기저기 옮겨 다님
덴도우	전등

덴도우	전통
덴도우	でんどう[電動] 전동
덴부쯔	てんぶつ[天物][명사] 천물; 천산물(天産物); 자연 산물
덴부쯔	てんぶつ[典物][명사] 전당잡힌 물건; 전당물(=동의어質ぐさ)
덴신	全身ぜんしん;전신
덴와	전화
덴죠	天頂てんちょう천정
덴지	てんじ[展示][명사][ス타동사] 전시
도나루	부르다 크게 외치다 [비법-원래 나루는 울다 소리나다에서 나오는 것인데 거기에 도가 강조 또는 격하게 붙어서 도나루는 외치다]
도나루	이웃하다 [비법-도는..라고의 의미를 범용적으로 가진다. 그리고 나루는 기본적으로 존재를 나타내는 成 그래서 옆에 ..라고 옆에 있다 식의 의미를 가진다
도나리	옆에 となり[隣·鄰]
도도게	신청
도도구	とどく[届く]1.(보낸 것·뻗친 것이) 닿다; (도)달하다; 미치다 2.(소원 따위가) 이루어지다 [비법-도달에서 나오는 단어다. 도달이니까 일본어어감으로 도도(구)가 된다. 도도게루와 같이 암기한다. 도도게루의 원형이다]
도리시마리야꾸	取締とりしまり役やく 취재역

도리아에즈	とりあえず[取(り)敢えず] 1.우선 2.부랴부랴 예시문: あ,「やりがい」とかいらないんで,とりあえず殘業代ください (보람은 됐고요. 잔업수당이나 우선 주세요 [비법-이 단어는 말 그대로 하나하나를 풀어준다. 잡고 감행을 한다는 소리이기에 다른 것보다 우선한다는 의미를 가진다고 외운다. 여기서의 아는 좀 별 뜻 없이 무엇을 하다 놓다 정도의 의미로 보면 속편히 외운다]
도마루	멈추다とまる[止(ま)る·停(ま)る] [비법-도메루는 핵심소리가 돔이다 원래 이는 멈(추다)또는 멈(물다)에서의 멈에서왔는데 일본어는 멈이나 몸같은 소리가 없다 그래서 돔이 된거다. 도메루를 외우고 이 도마루도 비슷한 소리로 나오는 단어임을 같이 외운다. 아니면 도마루를 외우고 도메루를 같이 외운다]
도메루	とめる[止める·停める] 1.멈추다 2.세우다; 정지하다. [비법-도메루를 외우고 이 도마루도 비슷한 소리로 나오는 단어임을 같이 외운다. 아니면 도마루를 외우고 도메루를 같이 외운다]
도메루	とめる[留める] 만류하다
도메루	とめる[泊める] 숙박시키다; 묵게 하다
도우시	투자
도우시따	どうした[如何した]

도유	とうゆう[党友] [명사]1.당우 2.같은 당파에 속하는 동료 3.외부에서 그 당을 지지·지원하는 사람
도유	どうゆう[同友] 친구
도이쯔	통일
도젠	당연 當然
도쬬	盜聽とうちょう; 도청
도쬬	등장(신도쬬 신등장)
도지 1	どうじ[同時] 동시
도지 2	とうじ[当時] 당시
도지	동자; 어린이(=동의어こども·わらべ)
도지	(유)적지
도지니	どうじに 동시에
도지루	とじる[閉じる] 닫다, 닫히다 {열다, 닫다, 벌리다}
도지쯔	그날 당일
도지쯔	같은 날
돗데	とって[とって·取って] 에 있어서

라 Part

란샤	乱射らんしゃ 난사
레끼시	歴史れきし 역사
레이조우꼬	냉장고 冷藏庫 れいぞうこ
렌라꾸	連絡れんらく 연락
렌아이	연애 가가가
로우소꾸	ろうそく[蠟燭][명사] 초; 양초
	[비법-밀랍 랍초 촉의 두단어가 합쳐진 말이다]
론소	論争ろんそう 논쟁(참고 센소 전쟁)

마 Part

마까세루	任まかせる 맡기다 [비법-여기서의 마가세루(마까세루)가 우리말의 맡기다의 훈독이다]
마꾸	씨뿌리다 播 [비법-파와 마가 유사음가를 가진다]
마와리	まわり[回り·廻り] 회전 돔
만나가	한가운데
만부꾸	まんぷく[満腹] 1. 만복 만족 2. 전면적으로
만슈	まんしゅう[満州·満洲]만주
메가네	눈
메가미	여신
메구루	めぐる[巡る·回る·廻る·周る·繞る]돌다
메구리	회전
모모	もも[桃][식물] 복숭아(나무)
모모	もも[百]1.백(=동의어ひゃく) 2.수가 많음을 표시하는 말
모무	시달리게하다, 문지르다 もむ[揉む](일본식 한자)(주로 수동형으로 모마레루 같은 식으로 쓰임)
모사꾸	모색
모시	もし[若し] 만일
모시꼬무	もうしこむ[申(し)込む] 신청하다
몬구	もんく[文句]1.문구 2.불평; 이의(異議)트집
몬방	もんばん[門番] 문지기

무겐	[명사] 無限むげん 무한
무까우	むかう[向かう] 향하다
무끼	[명사][식물] 麦むぎ 보리 [비법-맥은 무기이다 일본에서는 맥기라는 것은 그런 소리는 없으니 말이다]
무도효	무득표(당선)
무또	むとう[無党] [명사] 무당; 어느 당파에도 속하지 아니함
무또	むとう[無灯][명사] 무등; 등불을 켜지 않음(=동의어無灯火)
무또	むとう[無糖] [명사] 무당; 당분이 없음
무소	무장
무스꼬	식자 息子 むすこ 자식 아들 놈
무시바	충치
물러서다	아도에 히꾸 あとへ引ひく
미	実 み열매
미기가와	みぎがわ[右側]우측
미가꾸	磨みがく연마하다 닦다
미고또	みごと[見事·美事]훌륭한 일
미기	오른쪽
미나리	みなり[身なり·身形] 옷차림, 복장
미나미	みなみ[南] 남쪽
미노마와리	みのまわり[身の回り]신변물
미니구이	みにくい[見にくい·見悪い·見難い][형용사] 보기 힘들다[나쁘다]; 알아보기 어렵다.(↔반의어みやすい)

	[일반암기-이 단어는 역시 미 다음에 니구이 가 결합된 것으로 보면 된다]
미다이	-みたい 비슷한, 유사한
미도리	초록
미도리니	초록빛으로 예시 緑みどりに艶つやめく 반들거리다
미이루	みいる[見入る]들여다보다, 열심히 보다
미쯔	みつ[密]비밀
미쯔	꿀
미쯔	3개
미쯔	넘치다 차다
미찌구사	みちくさ[道草·路草]1.길가의 풀; 노방초(草) 2.길가는 도중에 딴 짓으로 시간을 보냄; 지정거림[일반-이 단어는 그냥 그 유래의 뜻대로 가면 되는 단어이다]
민슈	민중
민슈도	민주당

바 Part

바게모노	化ばけ物もの 도깨비
바까리	ばかり[許り] 정도 [비법-바는 허를 의미한다 가리는 보통의 영역이나 정도여서 여기서의 바가리는 이 자체가 바로 정도 즉 허가가 되는 허용이 되는 정도를 의미한다]
바와하라	파워하라스먼트
바이쇼	배상
부까이	-ぶかい[深い] (名詞에 붙어, 形容詞를 만듦)이 깊은
부꾸	伏 ふく·ぶく 엎드리다[종이] [비법-프랑스어에서 알롱제부하면 엎드리다가 된다 부가 같단 말이다]
부다	豚ぶた. 돼지 [비법-돼지덮밥은 부타동이다. 우동이 아닌 덮밥]
부도	ぶどう[葡萄] 포도
부라부라	ぶらぶら 흔들흔들, 어슬렁어슬렁 [비법-동등;한국어-펄럭펄럭/팔랑팔랑]
분세끼	分析ぶんせき 분석
분쇼	ぶんしょう[文章][명사] 문장
분쇼	ぶんしょ[文書]
비기	마리
비쇼	びしょう[微笑] [명사][ス자동사] 미소(=동의어ほほえみ)
비쇼	びしょう[微小] 비소

비시	びし[微志] 작은 뜻
빈보	びんぼう[貧乏] 가난한, 빈핍
빗구리	깜짝 놀람びっくり[吃驚·喫驚] [비법-동등:영어-빅big]
빗다리	ぴったり 틈이 없이 꼭 맞는 모양: 꼭; 딱; 꽉 [비법-다리가 딱의 의미를 가지고 빗은 강조의 큰 의미]
빗시리	びっしり 가득 [비법-동등:한국어-실하다-빗은 강조의미]

사 Part

사	差 차
사가	천성 성질
사가나 たさかなはお	魚 さかな 물고기 생선〈逃がした魚は大きい にがしおきい: 놓친 물고기가 크다 [비법-사가, 사게는 흐르다 아래로 흐르다는 의미나는 고대에서 물건을 의미하는 말이다
사가이	界 계
사게루(1)	さげる[下げる]1.내리다 2.(위치·값 등을) 내리다 3.내려주다; 하사하다; 관청에서 민간으로 넘겨주다(↔반의어上げる) [비법-사게는 술이다 원래 흘러내린다 즉 뭔가 새로운게 흘러내린다는 의미가 되어서 같은 어원을 가진다]
사게루(2)	さげる[提げる][하1단 타동사] (손에) 들다 [비법-사게가 아래나 (술이)흐른다에서 보듯이 이것도 손에 드는것도 결국은 몸아래 두는 것이다]
사기사이	詐欺さぎ罪ざい 사기죄
사꾸	さく [裂く]찢다 [비법-사꾸라도 꽃망울이 터지는 듯한 꽃이라서 그렇게 부른다]
사꾸	さく [咲く] 피다
사끼(니)	さき[先] 사끼(니) [비법-관련의태어:한국어-삭삭삭(빠져나가다)

사끼모노　　　　선물

사끼호도　　　　さきほど[先程] 방금 전

사또　　　　さとう[差等]

사또우　　　　설탕 さとう[砂糖]

사라메시　　　　サラメシ샐러리맨의 점심 「サラリーマンの昼飯」의 약어

사라우　　　　さらう[攫う] 채가다, 납치하다
[비법-동등:한국어-(사)라부치하다(랍치)

사루　　　　去さる. 떠나다
[비법-동등;한국어-살(목숨이떠나다,끝나다)

사루　　　　원숭이

사마수　　　　さます[覚ます·醒す] 깨다; 깨우치다; 깨우다
[비법-동등:영어-스마시:smash]

사메루　　　　さめる[覚める·醒める] 각성하다, 눈을 뜨다
[비법-사마수에서 유래하다]

사미시이　　　　さみしい[寂しい·淋しい]외롭다(사비시이랑 비슷)

사베쯔　　　　차별

　　사비시이　　　　외롭다[인생노래-내 마음은 외로운 풍차]

사사꾸　　　　ささく[差錯] 틀림 착오

사세루　　　　하게하다

사스　　　　찌르다 刺さす
[비법-사는 자에서 나온다 찌를 자 자상할 때의 자이다]

사스　　　　꽂다,박다 挿 さす

	[비법-이는 刺さす 에서의 논리가 그대로 적용이 된다]
사와루	더듬다 닿다 손대다 觸
	[비법-관련목적어:한국어-자화루접촉하다
사요	작용
사요나라	‘이대로 끝내시지요’의 의미
사이가이	재해 災害
사이겐	さいげん[再現][명사][スㅈ자·타동사]재현(함);재현시킴
사이겐	さいげん[際限][명사] 제한; 끝; 한(한문투의 말씨) (=동의어かぎり)
사이겐	さいげん[再言][명사][スㅌ타동사] 재언; 거듭 말함
사이겐	さいけん[再建][명사][スㅌ타동사] 재건
사이겐쇼	재검정
사이교	최강 最强
사이까이	さいかい[再会]재회
사이까이	さいかい[再開][명사][スㅌ타·자동사] 재개
사이닌시끼	再認識さいにんしき; 재인식
사이따`	최다
사이다이	최대
사이데이	最低さいてい 최저
사이방	さいばん[裁判] 재판
사이세이	さいせい[再生] 재생
사이쇼	최초
사이쇼	최소
사이쇼	재상

사이슈	최종
사이슈	채집
사이시	제사
사이시	처자
사이신	최신
사이신	세심
사이죠샤	再調査さいちょうさ 재조사
사이하쯔	さいはつ[再発] 재발
사쯔가이	さつがい[殺害] 살해
사쯔에이	촬영 さつえい[撮影]
사쯔진	살인
산가쯔	さんがつ[三月] 삼월
산고꾸	잔혹 [나의 영화-말죽거리잔혹사]
산죠	さんじょう[参上] 뵈러감
삿긴	살균
삿사도	さっさと[부사] 망설이거나 지체하지 않는 모양: 빨랑빨랑; 척척; 데꺽. 휙 [비법-동등;한국어-사사삭]
삿소꾸	さっそく[早速] 즉시
샤가무	しゃがむ 웅크리다 [비법-동등:영어-scrooch :슈구루치]
샤교꾸가	作曲さっきょく家か 작곡가
샤꾸루	しゃくる[杓る·抉る] (수예 등을)뜨다 [비법-동등:한국어-삽(국자):그래서 한국말로는 작(국자작)이고 일본어는 샤꾸가 된다

샤베루	しゃべる[喋る] 재잘거리다 [비법-이게 쪼아먹을 잡이다 그래서 중국말로는 쟈라고 하고 이게 요즘은 샤가 되어서 샤베루가 된 거다]
세루	협박하다 せる[迫る] [비법-이 단어는 원래 세마루에서 나왔다. 세마는 가까이에 와서 다가가는 모양이다. 협박도 다가와서 한다]
세마이	좁은 せまい[狭い] [비법-동등:영어-세마이semi:반으로 좁은
세비루	せびる 조르다, 강요하다 [비법-동등;한국어-세비어서강제로조르다]
셋수루	せっする[接する] 접하다 [비법-세마에서 보듯이 세는 접근적 의미이다]
소덴	争点そうてん 쟁점
소또	외부 そと[外] [비법-동등:영어-사(이)또:side
소로소로	そろそろ 1.슬슬(=しずしず) 2.천천히 [비법-동등;한국말-솔솔/슬슬
소모소모	そもそも[抑] 처음에 [비법-소모는 도대체 대관절이라는 말에서 시작을 한다. 이는 소는 그것이고 모는 '도'라는 조사이기에 도대체 그게 뭐라도 라는 식으로 변형이 된 것이다. 그래서 소모는 원래 아주 근본적이고 근원적인 것을 따진다는 의미가 들어있다]

소무꾸 そむく[背く·叛く] 등지다

[비법-원래 이 단어는 세무구에서 출발을 한다. 세무는 가죽은 아닌데 첫에 강하게 등지는 물건을 말한다. 그 세무구에서 소무구로 바뀌었다]

소오 そうおう[相応] 상응

소우교 創業そうぎょう 창업 (다이소도 창고 창)

소우까이 そうかい [爽快] 상쾌

소우꼬 총합

소유 そうゆう[曾遊][명사] 증유; (일찍이) 가 본 일이 있음

소유 そうゆう[争友][명사] 쟁우(諍友); 충고해 주는 친구

소유 そうゆう[総有][명사] [법률]총유; 각자의 지분(持分)은 정하지 않고 공동으로 소유하는

쇼까 소화 消火

쇼까이(1) しょうかい[紹介] 소개

쇼까이(2) 商会しょうかい.

쇼까이 장해

쇼깐 しょうかん[召喚][명사][スㅌ동사][법률] 소환

쇼깐 しょうかん[消閑][명사] 소한; 파적; 심심풀이

쇼깐 しょかん[所感][명사] 소감; 감상; 마음에 느낀 일

쇼깐 しょかん[所管][명사][スㅌ동사] 소관

쇼껜 증권

쇼꾸도 しょくどう[食堂] 식당

쇼꾸신 しょくしん[触診] 촉진, 손으로 만져서 진료함

쇼꾸힌 食品しょくひん 식품

쇼데 しょて[初手] 최초

쇼다이	쇼다이しょうたい[招待] 초대
쇼데이	しょてい[所定] 소정
쇼뎅	焦点 촛점
쇼도	しょうどう[衝動] 충동
쇼따이	->쇼다이
쇼라이	장래
쇼라이	초래
쇼모	しょうもう[消耗] 소모
쇼모	しょもう[所望]
쇼보	소방
쇼분	しょぶん[処分] 처분
쇼분	しょうぶん[性分][명사][노인어]성분; 천성
쇼분	しょうぶん[小文][명사] 소품문(小品文); 짤막한 문장
쇼비	장비
쇼사이	상세
쇼센	しょせん[所詮] 어차피 필경
쇼센	초선 初選
쇼신	しょうしん[昇進·陞進][명사][ス자동사] 승진
쇼신	しょしん[初心] 초심; 처음으로 배움; 아직 미숙함
쇼죠	象徴 상징
쇼지	작은 일
쇼지	상사
숀보리	しょんぼり 풀이 죽어 쓸쓸히
숏바이	しょっぱい[塩っぱい] 짜다
수치	すうち[数値] 수치

수카이	수회
수킨	출근 出勤
슈	취, 냄새
슈가쯔	終活
슈깐	習慣습관
슈깐	週刊
슈깐	主觀
슈낀	しゅうきん[集金] 집금, 수금
슈노	収納しゅうのう 수납
슈닌	しゅにん[主任] [명사] 1.주임. 2.공무원의 직명의 하나(보통은 사등급(四等給)임)
슈닌	しゅうにん[就任] [명사][ス자동사] 취임(↔반의어 辞任·退任·離任)
슈단	집단
슈뎅	종점
슈반	しゅうばん[終盤][명사] 종반(선거·바둑 따위의)
슈빤	出版 출판
슈쇼꾸	취직
슈이끼	祝儀しゅうぎ 축의
슈쬬	出張しゅっちょう 출장
슈후	主婦しゅふ 주부
슛가이	しゅっかい[出会] 만남
슛쯔멘	熟眠じゅくみん; 숙면
스게베	すけべえ[助平·助兵衛] [명ノナ] [속어] 호색함; 호색가; 색골; 엽색가; 음란하고 상스러움

스겟도　　도와주는 사람 助

스구니　　すぐに[直ぐに] 곧, 바로

스구루　　すぐる[選る] 뽑다

[비법-맛스구라고 하면 쭉 바로의 의미를 가진다 그래서 거기서의 맛은 眞이 된다, 거기서 나와서 스구는 직진을 의미하고 여기서의 스구루에서의 스구도 뽑아서 그 선택한대로 쭉쭉 나아감에 대한 것이다.

스끼　　좋아함

스끼　　すき[透き]틈

스끼도오루　　すきとおる [透き通る·透き徹る]투명하다

[비법-투는 여기서 스꾸 또는 스끼가 되고, 도오루는 통하다는 의미가 되어서 투명함 또는 비침이 통한다는 의미이다]

스렌다　　スレンダー(slender, 슬렌더) 날씬한

스루　　문지르다 비비다 する[擦る]

스루도이　　するどい[鋭い] 예리하다

스메루　　スメル(smell, 스멜) 악취, 냄새

스무　　すむ[住む] 살다

스이또　　スイート(sweet) 스위트

시끼모　　しきもう[色盲] 색맹

[비법-색은 시끼 맹은 모로 발음이 되어서 형성이 되었다]

시낀　　자금

[비법-시는 자이고 금은 긴이다]

시나가라　　しながら[品がら·品柄] 품격

시나레루	しなれる[し慣れる·為慣れる·為馴れる](자주)해서 익숙해지다; 숙달되다; 무르녹다 [비법-이 단어 시나레루를 설명키 위해서는 한자관을 사용하지만 단어의 형성에서는 습이 쓰였다 익숙해짐이다. 習: 그 습이 신나로 변화를 한 것이다]
시네루기스트	협력기관 [비법-시너지스트가 일본식으로 풀어서 나온게 이것이다]
시노부	しのぶ[忍ぶ] 몰래하다 {은밀, 비밀, 몰래}-종합 [비법-이 단어의 핵심은 인(은)이다 그런데 그게 일본식으로 발음을 하면 어렵다 그래서 신이 그나마 되는데 동사의 원형은 신부 라는 식으로는 안된다. 그래서 응의 아래 받침의 노를 붙여서 시노부가 된다]
시미루	しみる[染みる·滲みる]스며들다 [비법-스며가 시미가 된 것이다 즉 우리나라 훈독이 일본어에 훈독으로 작용한다]
시부꾸	しぶく[重吹く·繁吹く]물보라 치다 [비법-부꾸는 불다인데 불다의 취에서 나왔다. 일본어는 주 나 추 같은 발음이 드물어서이다]
시쯔몬	質問 질문
시찌	しち[質] [명사] 전당물 (=동의어質物·かた)
시찌	しち[死地][명사] 사지
시찌	아버지

시카모	しかも[然も·而も]게다가
신	심 心
신겐	しんげん[震源][명사] 진원
신겐	しんげん[箴言][명사] 1.잠언 2.훈계(訓戒)의 말[구(句)]
신겐	しんげん[進言] [명사][スタ동사] 진언 (=동의어具申)
신겐	しんげん[森厳][명ノナ] 삼엄; 매우 엄숙한 모양
신사이	しんさい[震災] [명사] 진재; 지진에 의한 재해(災害)

아 Part

아끼라메루	あきらめる[諦める]체념하다, 단념하다
아끼바레	あきばれ[秋晴(れ)] 가을의 쾌청한 날씨
아니	あに[兄] 형, 오빠
아다리마에	あたりまえ[当(た)り前] 일상적인 일
아다다까이	따뜻하다
아다다메루	あたためる [暖める·温める] 데우다[아다다까이에서]
아다리 (1)	あたり[当(た)り]1.(손·혀에 닿는) 촉감; 감촉(느낌·맛) 2.사귀는 품; 붙임성 3.짚어 봄 [일본에서 본 광고]
아다리 (2)	あたり[辺り] [명사] 1.근처; 부근; 주변; 언저리
아도	あと[後] 뒤
아도	あと[跡] 유적(遺蹟)
아라시	あらし[嵐] 폭풍우 [비법-폭풍우 아라시라고 하는 일본 아이돌 그룹이 있었다]
아지	맛
아지	전갱이 [비법-일본의 조미료에는 아지노모노라는 말이 쓰인다. 아지라는 말이 맛이기 때문이다. 그런데 보통의 국물에는 전갱이말린 것을 많이 쓰기도 하니 중의적으로 암기]
아지와이	あじわい[味わい] 맛있는
아쯔마루	あつまる[集まる] 모으다 [비법-쯔마가 집이다 모은다는 의미가 된다]

아히루	오리
앗도	圧倒あっとう 압도
야	や[矢·箭] 화살(화살 시)
얏도	やっと 간신히 [비법-'야도'(술래잡기 놀이)해서 간신히 성공했다 봐야해]
엔도쯔	えんとつ[煙突] 굴뚝
엔따메	エンタメ 엔터테인먼트
엔분	えんぶん[塩分][명사] 염분(=동의어塩気)
엔분	えんぶん[艶聞][명사] 염문
엔이끼	연역
에이세이	위생
엔지	えんじ[園児] 유치원 원아
오	お [尾] 꼬리
오가미	おかみ[内儀·御内儀 1. 남의 아내(주로 상인(商人)의 아내) 2.[속어]마누라; 여편네.(=동의어かかあ·妻·細君)
오가스	범하다 おかす [犯す] [비법-오가가 더해져서 우리말의 '해'와 유사하게 된 것이라고 봐야 한다]
오가시	おかし[お菓子] 과자 [비법-이는 아주 간단히 해결된다. 오는 별칭으로 붙은 접두사가 가는 과 자 는 시로 보면 된다]
오구루	보내다(送) [비법-오구루반또-보내기번트] [버법-오구가 우리에게는 송 이다 '온'이나 '손'의

발음은 일본어에 없기 때문이다. 오꼬루는 驕 교가 되어서 거만하다가 됨에 비교해서 유의해야 한다]

오꾸 두다 おく[置く]

오꾸 억 億おく

오끼루 일어나다 起 {일으키다, 자극, 선동} (소리 혼동: 오꾸 오끼루 오루)

오누 숨기다 隠 おぬ

오니 おに[鬼] 귀신

[비법-오니(おに)라는 말은 오누(おぬ)가 변한 것으로, 원래 모습이 숨겨져(隠おぬ)있어서 그렇다]

오도도시 おととし[一昨年] 재작년

오도로꾸 おどろく[驚く·愕く·駭く] 놀라다

오도스(1) おどす[脅す·威す·嚇す] [5단활용 타동사] 으르다; 위협하다; 협박하다; 등치다.(=동의어おどかす)[가능형]おど-せる

오도스(2) おとす[落(と)す] 떨어지다

오도시 かかし; 威おどし 허수아비

오루 내려오다

[비법-아게루는 올라가다이고 오루가 내려오다라고 암기를 하면 혼동스러운게 오루가 올 아닌가 하는 생각이다. 그런데 우리말의 위 는 일본에서는 아가 된다. 그리고 오루가 아래가 된다. 그렇게 생각하면 훈독이 좀 더 쉽게 이해가 된다]

오마게니 おまけに[お負けに] 게다다

[비법-오는 붙이는 접두사,

마게루는 부담주다, 더하다, 빚지다가 되어서 더 해서라는 의미가 된다]

오메이 오명

오모데나시 お・も・て・な・し[お持て成し] 환대

오모우 생각하다

오모이 무겁다

오모이 생각

오못데 구다사이 오모스(되돌려)주십시오

오시에루 가르쳐주다. 예시문: 그룹 퀸 노래 愛しき 教えを抱き (Itoshiki Oshie o idaki)"

[비법-교가 오또는 오시가 된다. 우리말의 교는 일본어에서는 바로 교로 가지는 않는다]

오하나 おはな[お花]꽃꽃이

오후로 おふろ[お風呂]

온나 온나 [나의 유저-征服された女たち]

온세이 音声おんせい 음성

옷도 남편 夫

옷샤루 おっしゃる[仰る·仰有る]

와 -わ[羽] 새·토끼 따위를 세는 말: 마리

와까이 젊다 若 {어리다, 젋다, 늙다}

와까이 파괴

와라와라 어지러운 모양'와라와라 어지럽다(미나엄마)'

와라우 웃다 笑 わらう-세세라와라우도 참조

예시문: 笑いなよ 와라이나요. 웃어봐(긴기라기니노래)

와루 わる[割る·破る] 나누다 벗기다

와루이	わるい[悪い] 나쁘다
와비루	わびる [詫びる] 사과하다
와소	일본복장
와쇼	わしょ[和書] 일본어로 쓴 책
와스루	和 잘지내다
와시	독수리
와시	나. 예문: 와시니모 나에게도
와이세쯔	わいせつ[猥褻] 외설
요우야꾸	ようやく[漸く] 간신히(점점)
요우이	용의 준비 ようい[用意]
	[비법-이 말은 말 그대로 풀어주는 것이다]
요우후구	ようふく[洋服] [명사] 양복(↔반의어 和服)
요이샤	용의자
요진	(ようじん、用心) 주의 (예: 도둑놈 주의)
요쯔요쯔	아장아장
욘다이	よんだい[四大] 4년제 대학
욘반	4번 四よん番ばん
우게루	うける[受ける] 받다, 접수하다
	[비법-우게루에서의 우는 우리말 수이다. 접수이다. 받아들임이다]
우게즈게	접수 受付
우다	노래
	[비법-우다우가 노래 부르다]
우라나이시	점쟁이 うらないし[占い師·卜師]
우라야마시	うらやましい[羨ましい] 부러워하다, 샘나다

	[비법-이네가 벼이다 그래서 벼에 오는자이다]
이나스	いなす[往なす·去なす] 돌려보내다, 다른데로 보내다
이나이	いない[以内] 이내
이네	いね[稲] 벼
이다스라(1)	いたずら[悪戯]1.(짓궂은) 장난; 못된 장난 2.몸가짐이 헤픔 3.자기가 한 짓의 겸사말 [비법-동등:프랑스어:파스-farce-이것은 원래 빡빡하게 속을 채우는 재미있는 조크]
이따구	いたく[居宅][명사] 주거(住居)
이따미	아픔
이루	いる [要る·入る] 필요하다
이루이	いるい [衣類] 의류
이루이	いるい[異類][명사] 1.이류 2.다른 종류
이루이	いるい[遺類] 살아남은 무리; 여당(餘黨)
이리	들어감
이부꾸	いぶく[息吹く] 호흡하다 [비법-관련주어:영어-부레로(가)숨쉬다breathe-육상동물은 허파로 물고기는 부레로]
이비끼	いびき[鼾][명사] 코고는 소리 [비법-이부꾸에서 유래했다고 보면 된다]
이사마시이	いさましい [勇ましい] 활발하다 [비법-이는 活 이나 生의 단어]
이소가시이	忙いそがしい 바쁘다 {한가하다} [비법-活 이나 生의 단어]
이스	의자

이시	석 石
이시모찌	いしもち[石持·石首魚] 조기
이시키	いしき[意識] 의식
이와	いわ[岩·磐·巌·石] 큰 바위
	[비법-동등:중국어-암:이얀]
이와레	いわれ[謂れ] 까닭, 내력(謂는 일본식 한자, 원래 발음은 이이인데 레가 붙어서 이와레)
	[비법1-관련동사:궁금하다-이태리어-ansioso-안시
와소]	[비법2-동등:한국어-와(그)래]
이요꾸	意欲いよく 의욕
이요이요	いよいよ[愈·愈愈·弥弥] 1.점점; 더욱더 (=동의어ますます) 2.드디어; 결국(=동의어とうとう·ついに)[일반-愈는 우리나라식 한자는 아닌 일본식 한자이다. 이 말 자체가 점점 할 때의 점의 의미를 가진다]
이이나스	いいなす[言いなす·言い做す] 그럴듯하게 말하다
이이메	いいめ[いい芽·いい目·好い芽·好い目] 행운
	[비법-메는 눈이기에 좋게눈이 가는 것]
이인	위원
이자	いざ '자'
이지	유지
이죠	以上いじょう 이상
이쯔	いつ[何時] 어느 때
이찌꼬	いちご [苺·莓] 딸기
	[비법-띨기가 한 개의 열매의 형태 한입의 형태라서「いちご」(一粒) 라고 불리운다]

자 Part

잔넨	ざんねん[残念] 억울함, 분함
자라자라(도)	ざらざら주르르
	[비법-동등;한국어-주르주르
쟈꾸호우	釈放しゃくほう (=석방)
쟈리	じゃり[砂利] 아이
쟌겐	じゃんけん[じゃん拳] 가위바위보
쟌또	분명히 ちゃんと
	[비법-우리도 뭘 제대로 하면 짜잔 하고 하듯이 일본어도「ちゃんとした」의 제대로 했다에서 줄어든 형태이다]
제꼬	정권
제이다꾸	ぜいたく[贅沢] 사치 돈을 많이 씀
	[비법-이 말 자체가 음독의 단어임]
젠가꾸	전액
젠고	ぜんご[前後] 전후
젠고꾸	ぜんこく[全国] 전국
젠교꾸	ぜんきょく[全局] 전국, 전국면
젠따이	전체
젯따이	絶対ぜったい 절대
젠인	전원
젯쬬	절정 絶頂 ぜっちょう [絶頂]
조	ぞう [象] 코끼리
조구세쯔	ぞくせつ[俗説] 속설

조로조로	ぞろぞろ 1. 많은 사람이 잇달아 비교적 천천히 움직이는 모양: 줄줄 2.길게 끌리는 모양: 질질 [비법-동등:한국어-졸졸
조우에끼	ぞうえき[増益] 증익, 이익이 늘어남
조코	주행 [예시문] 지리쯔조코 自律走行 자율주행
좃도	ぞっと [부사] 춥거나 무서워서 소름이 끼치는 모양: 오싹
죠	じょう[上][명사] 1.상 2.위 [접두] 1.훌륭한; 좋은 2.위의 (↔반의어 下)
죠	じょう[状][명사] 1.모양 2.상신서(上申書) [접미] 1.…상; …모양 2.…장; 편지; 서류
죠	じょう[場] [명사] 1.장소; 곳; 회장(會場) 2.(接尾語적)…장
죠가꾸세쯔	수확절 (추수감사절)
죠간	長官ちょうかん 장관
죠겐	じょげん[助言][명사][ス자동사] 조언
죠겐	じょげん[序言] 서언
죠꼰	じょこん[如今] 지금
죠닌	승인
죠다이(죠따이)	じょうたい[状態][명사] 상태
죠다이	じょうたい[情態][명사] 정태; 외면과 내면의 상태.
죠다이	じょうたい[上体][명사] 상체; 상반신 (↔반의어 下肢
죠다이	じょうたい[常態] 평상의 상태
죠데끼	じょうでき[上出来] 뛰어남, 훌륭함, 특제품
죠마에	じょうまえ[錠前] 자물쇠

죠세이	여성
죠세이	정세
죠세이	조성
죠세쯔	じょうせつ[常設] 상설
죠센	ぞうせん[造船] 조선
죠센	じょうせん[乗船] 승선
죠센	じょうせん[上船][명사][ス자동사] 상선; 승선; 배를 탐
죠시	여자 じょし[女子]
죠시	여사
죠시	じょうし[上司] [명사] 상사
죠시고세이	여고생
죠야꾸	条約じょうやく. 조약
죠에끼	징역
죠오	코끼리
죠우	チョウ(蝶) 나비
죠이	상위
죠인	上院じょういん.(↔반의어 하원) 상원
죠죠	조장 助長
죠죠	じょうじょう[上上] 가장 좋음; 더할 나위 없이 좋음
죠죠니	じょじょに[徐徐に] 천천히
죠즈	상수, 고수
죠지	상시
죤분	ぞんぶん[存分] 뜻대로, 마음대로
준꼬	じゅんこう[巡航] 순항
쥬깐센교	중간선거

쥬게이	중계
쥬겐세이	受験じゅけん生せい[者しゃ] 수험생[자]
쥬게쯔	충혈 充血
쥬교	住居じゅうきょ 주거
쥬교	授業じゅぎょう 수업
쥬교인	従業じゅうぎょう員いん 종업원
쥬닌도이로	じゅうにんといろ [十人十色] 십인십색; 각인각색
쥬다이	중태
쥬다이	수태
쥬다이	じゅうだい[重大][명ノナ] 중대
쥬다이	じゅうだい[十代]1.십대(teen - age의 역어)
쥬단	銃弾じゅうだん 총탄
쥬메이	수명
쥬모꾸	注目ちゅうもく 주목
쥬분	じゅうぶん[じゅうぶん·十分·充分] 충분
쥬샤	주차
쥬시	じゅうし[重視] 중시
쥬시	注視ちゅうし 주시
쥬쥰	じゅうじゅん[従順] 순종적인
쥰비	준비
즈게나	つけな [漬(け)菜] 절임거리 채소; 특히, 단배추; 또, 그 절임
즈나	つな[綱] 줄 [비법-요코즈나는 횡경이라고 해서 천하장사의 옆에 매는 줄을 의미한다]

즈라이	-づらい 뒤에 붙어서 어렵다
즈루	낚다 つる[釣る]
	[비법-관련목적어:한국어-줄을(가지고)]
즈요꾸	강하게 強つよく
즈이가	추가 追加ついか -> 쯔이가에
즈이또	추도 追悼ついとう
즈이븐	상당히, 대단히, 꽤
즛도	꽤(짓도는 꼼작 않는 모양)
	[비법-즛도무까시하면 아주 옛날이라는 뜻 ずっと むかし[ずっと昔]]
지가라	ちから [力] 도움, 힘
지겐	じげん[次元][수학·물리] 차원
지겐	じげん[時限] 시한
지다꾸	自宅じたく 자택
기잔사	시간차
지겐	사건 事件
지고	自己じこ 자기(중국어 쯔지) 다른 말로는 지분
지고꾸(1)(지고구)	じごく[地獄][종교]지옥 (↔반의어極楽·天国)
지고꾸(2)	じこく[時刻]
지교	사업
지까데쯔	지하철
지까라	힘
지까이	가깝다 近
지까이	차회 次回

지끼	じき[時期] 시기, 때; 계절
지끼	じき[直] [명사] 직접.(=동의어じか) [접두] 직…
지끼	じき[磁気][명사] 자기
지끼	じき[磁器][명사] 자기; 사기그릇 (→とうき(陶器))
지끼	じき[自記]1.자기 2.자기가 씀; 또, 그 쓴 것; 자필
지끼	じき[時機][명사] 시기; 기회 (=동의어しおどき)
지끼	じき[時季][명사] 계절; 철 (=동의어シーズン)
지끼	じき[次期][명사] 차기; 다음(번)(↔반의어前期·今期)
지다꾸	じたく[自宅] 자택
지다이	じだい[時代] 시대
지다이	じたい[自体] 1.자체 2.자기 몸 3.그 자신
지다이	じたい[事態][명사] 사태
지다이	じたい[辞退] 사퇴
지도	じどう[児童] 아동
지리쯔조코	自律走行 자율주행
지만	じまん[自慢] 자랑
지메이	指名しめい 지명
지모또	じもと[地元] 그 지역
지무쇼	사무소
지분	자신 じぶん [自分]
지수	指数しすう 지수
지시키	지식 知識
지신	자신 (지분도 자신)
지에	지혜(智恵)
지이끼	地域ちいき; 지역

지이사이	작은
지인	사인
지죠	地上ちじょう 지상
지죠	自性じしょう 자성
지즈쇼	秩序ちつじょ 질서
지지다이	自治じち体たい 자치체
지지쯔	自殺じさつ; 자살
지지쯔죠노	사실상의
지타꾸	자택
지한	치안
지히	じひ[慈悲][명사] 자비
진까시 (賃貸)	[명사]賃貸ちんがし
진고지노	인공지능
진세이	인생 じんせい[人生]
진세이	じんせい[人性][명사] 인성; 인간 본연의 성질
진세이	じんせい[人世][명사] 인세; (인간) 세상; 속세(俗世); 뜬 세상(=동의어うきよ·世間)
진세이	じんせい[仁政][명사] 인정; 어진 정치
진세이	じんせい[人声][명사] 인성; 사람 목소리
진슈쯔	進出 진출
진에이	陣営じんえい 진영
진자이	人材じんざい; 인재
진찌	じんち[人知·人智][명사] 인지; 사람의 지혜
진찌	じんち[陣地][명사] 진지.
진찌	じんち[仁知·仁智][명사] 인지; 인애(仁愛)롭고 지혜로움

짓꾸리	じっくり침착하게
	[비법-여기서의 짓은 쭉 의 의미이다 그래서 쭉 천천히 잘하는 모양을 의미한다]
짓사이	じっさい[実際] 실제
짓세끼	じっせき[実績][명사] 실적; 실제의 공적·성적·성과
짓세끼	じっせき[実跡][명사] 실적; 실제 형적
짓세끼	じっせき[実積]실적; 실제 면적
짓센	実戦じっせん 실전
짓소꾸시	질식사
짓쇼	실증
짓쇼	치상
짓시니아마루	じっしにあまる[十指に余る] 열손가락으로 셀 수 없다
쯔가	つか[束] [명사] 약간; 조금
쯔가	つか[塚·冢][명사] 1.총 2.흙 무더기; 둔덕
쯔가모나이	터무니없다つがもない(쯔가 적은 것)
	[비법-쯔가가 짝]
쯔가이	つかい[使い] 사용함
쯔가레루	つかれる[疲れる](피곤할 피)피로해지다, 피곤하다
	[비법-노동으로 발행한 피로이다:「つか」は､「つかう」(使う) 에서 나왔다]
쯔가우(쯔까우)	つかう[使う]쓰다, 사용하다
쯔가우	つがう[番う] 짝이 되다; 한 쌍이 되다.
	[비법-연결의태어;한국어-제깍제짝]
쯔라메꾸	つらぬく [貫く] 꿰뚫다
쯔라이	つらい[辛い] 괴롭다

	[비법-동등:중국어-라(맵다)]
쯔마루	つまる[詰(ま)る] 가득차다
	[비법-동등:중국어-두:堵(중국어로는두(한국어로는두, 그래서 일본어에서는 즈)
쯔무	쌓다
쯔무	つむ[摘む] 따다
	[비법-관련의태어;한국어-쓱]
쯔바끼	つばき[唾] 침
	[비법-동백나무잎과 침의 모습이 비슷해서 이런 이름이 붙었다고 한다]
쯔바메	つばめ [燕] 제비
	[비법-동등:한국어-제비와 츠바가 유사하다]
쯔부	つぶ[粒] 알, 씨
	[비법-동등:한국어-줍다/줌이어서 덩어리]
쯔부레루	つぶれる[潰れる] 찌그러지다
	[비법-동등;한국어-짜부된다]
쯔부루	つぶる [瞑る] 눈을 감다
	[비법-동등;한국어-눈을짜부시킨다]
쯔부야꾸	つぶやく[呟く]중얼거리다
	[비밥-여기서의 즈부는 입을 크게 벌리지 않고 입을 짜부시키면서 중얼중얼거리는 모습을 의미한다]
쯔우	ろう [牢] 감옥; 옥(獄)
쯔우까	つうか[通過] 1.통과 2.그대로 지나감
쯔우까	つうか[通貨][명사][경제] 통화
쯔유	つゆ[露]1.이슬 2.(이슬같이) 덧없는 것; 곧 사라지

	는 것
	[비법-관련의태어:한국어-축축]
쯔이까	ついか [追加] 추가
쯔쯔꾸	つつく[突く] 쪼다
	[비법-관련의태어:한국어-쭉쭉/쫍쫍-가벼이두르리는 모양적 의태어]
찌라찌라	ちらちら[부사] 작은 것이 날리는 모양: 팔랑팔랑
	[비법-찌라시ちらし[散らし]에서 보듯이 찌라는 퍼지는 모양을 의미한다]
찌루	ちる [散る] 흩어지다
	[비법-찌라찌라에서와 같은 의미를 가진다]
찌죠	ちじょ[痴女•癡女]

카타파 Part

카스카스(가스가스)	かすかす아슬아슬 [비법-동등;한국어-아슬아슬]
카오리	향기 香 예시문: 心にさく花は君の香り코코로니사쿠하나와 키미노카오리 마음에 피는 꽃은 그대의 향기(저스맨인럽노래) [비법-동등:프랑스어-오도odeur]
카이미	かいみ[快味][명사] 쾌미; 상쾌한 맛
카즈카즈	かずかず[数数] 아주 수가 많음 [비법-동등:한국어'가짓수]
코나미	こなみ[小波] 잔물결
쿠소미소	좋은 것이든 아니든 막
큐단	きゅうだん [球団] 구단
타마타마	たまたま[偶·偶偶·適][부사] 가끔; 이따금 (=동의어時おり) [비법-다마가구술이나덩어리를의미한다. 그래서 뭔가가 어쩌다가 이뤄지고 성과를 내는 것을 의미한다. 그래서 우연
타이라	たいら[平ら] 평탄함 [비법-다이가평탄하게 판대기로 있는 모양이다]
토사이	とうさい[搭載] 탑재
투츄	탁구
페또	ペット반려동물

하 Part

하	칼날 刃
하가	はか[捗] [명사] 일이 되어가는 정도; 일의 진도.
하가이	파괴
하가지텐	百科事典 백과사전
하게시이	격하다 激
	[비법-동등;한국어-혁혁하게]
하겐	패권
하겐	はけん[派遣] 파견
하교꾸	파국
하구시	博士はくし박사
하구죠	白鳥はくちょう 백조
하꼬	발효
하꼬부	운반하다
하꾸	はく[穿く]1.(바지 따위를) 입다 2.(履く로도) 신다
하꾸	はく[掃く] 쓸다
하꾸	はく[吐く] 토하다
하나	코 鼻
하나다바	はなたば [花束] 꽃다발
하나레루	はなれる[離れる] 떨어지다
하나비	はなび[花火·煙火] 불꽃
하나세루	はなせる 말 할 줄안다
하나스	놓다 放はなす
하네아가루	はねあがる[跳ね上がる] 튀어오르다

하나조노	화원 はなぞの [花園]
하네루	はねる자르다 [刎ねる]
	[비법-관련 의태어;한국어-칸칸에:칸에칸에
하네루	跳はねる 뛰다
	[비법-관련의태어;한국어-하늘하늘]
하다	はた[旗]깃발
	[비법-하다가 살이어서 깃발도 펄럭펄럭거리는 살과 같아서 말이다]
하다미	はだみ[肌身] 살갗
하다시	はだし [跣·裸足] 맨발로 걸음
하다시떼	はたして[果(た)して] 그래서 그 결과
하다찌	はたち[二十·二十歳] 스무살
하덴	반점
하도	비둘기 はと [鳩]
	[비법-관련비유어:한국어-화(평)도]
하도메	はどめ[歯止め] 바퀴를 제어하는 장치
하라	배 復
	[비법-고독한 미식가에서 주인공이 배고프다고 할때 나오는 말이다]
하라오다데루	화를 내다 はらをたてる [腹を立てる]
하로	はろう[波浪][명사] 파랑; 파도; 물결
	(한문투의 말씨)(=동의어波)
하루	はる[張る] 뻗다; 뻗어나다
	[비법-동등:프랑스어-하롱제;rallonger 늘이다
	[ʀalɔ̃ʒe]

하루	はる[春] 봄
하리	はり[張り][명사]1.팽팽하게 땅김; 그런 힘 2.야무지고 힘참; 생기; 활기
하리사게루	はりさける[張(り)裂ける] 터지다 [비법-사게루는 사꾸에서 외운다]
하리시고또	針仕事はりしごと 바느질 [비법-침은 훈독으로 '하리'이다. 그래서 침 즉, 바늘을 가지고 하는 일이라서 하리시고도이다]
하메꼬무	はめこむ[はめ込む·填め込む·嵌め込む] 채워넣다
하바	폭
하바다꾸	はばたく [羽ばたく·羽搏く·羽撃く] 날개치다
하바히로이	はばひろい[幅広い] 폭이 넓다
하부라시	歯はブラシ 칫솔
하세루	はせる[馳せる] 1.달리다 2.(먼 곳의 어떤 것을) 생각하다
하이고	배후
하이고	배합
하이구샤	배우자
하이규	배급
하이데마루	はいでる[はい出る·這い出る] 기어나오다
하이세쯔	배설 排泄
하이소	배송
하이유	俳優はいゆう; 배우
하이이로	회색 はいいろ灰色 [비법-시사로 암기하는데 はいいろこうかん[灰色高

官] 하이이로고깐은 '회색 고관'이라는 말로써 (대형 항공기 등의 매입에 관련된 뇌물사건의 고관은 법률상으로는 유죄라고 할수 없으나 무죄도 아니라는데서 나온 말로 외운다)

하이쯔우	はいつう[背痛] 등의 통증
하죠	はじょう[波状]파장
하즈가시이	はずかしい[恥ずかしい] 부끄럽다
하쯔	はつ[初][명사] 처음; 최초[접두] 1.(名詞·動詞連用形 앞에 붙어) 2.처음의 뜻, 첫…
하쯔	はつ[髪] [명사] 머리털
하쯔까	はつか[二十日] [명사] 20일; 스무날
하쯔까	はつか[僅か] 약간
하쯔이꾸	はついく [発育] 발육
하찌오지	八王子
하쿠	泊 숙박, 니하쿠: 2박
한가꾸	반액 半額はんがく
한노우	反応はんのう 반응
한다이	はんだい[飯台][명사] 여럿이 함께 식사할 수 있는 밥상; 식탁(食卓).(=동의어ちゃぶだい)
한다이	はんたい[反対] 반대
한단	판단
한바이	はんばい[販売] 판매
한바이다이스	판매대수
한분	はんぶん[半分] 반쪽
한세이	反省はんせい 반성

한자이	범죄
핫도시떼	핫도시데 깜짝 はっとして
핫바	はっぱ[葉っぱ] 잎사귀
핫뽀	はっぽう[八方][명사] 팔방; 여기저기; 모든 방면; 다방면
핫뽀	はっぽう[発泡][명사][ス자동사] 발포; 거품을 내는 일고 연주를 해야해]
헤이까이시끼	폐회식
헤이끼	へいき[平気] 아무렇지도 않음
헤이끼	兵器へいき 병기
헤이다이	へいたい[兵隊] 병대 병정
헤이죠	へいじょう[平常] 평상
호도구	풀다
호라	ほら[法螺]1.'ほらがい'의 준말 2.허풍을 떪; 과장해서 말함; 또, 그런 이야기
호라	ほら [감동사] 급히 주의를 환기시킬 때 내는 소리: 이봐; 얘; 자.(=동의어ほれ·そら)
호라아나	ほらあな[洞穴] 동굴
호루	놓다 放[호 자가 들어가네]
호보	보호 保護
호보호보	ほぼほぼ 거의를 나타내는 부사
호소	방송
호소	포장
호쇼	ほしょう[保証][명사][ス타동사] 보증
호쇼	ほしょう[保障][명사][ス타동사] 보장

호쇼	ほしょう[補償][명사][스타동사] 보상
호쇼	ほうしょ[苞苴] 생선·과일 등을 안에 넣고 짚으로 싼 것 (=동의어わらづと·あらまき)
호쇼	보상
호슈	ほうしゅう[報酬][명사] 보수 (=동의어お礼·返礼)
호슈	ほしゅ[保守][명사] 보수 (↔반의어革新)
호슈	ほしゅう[補習][명사][스타동사] 보습
호슈	ほうしゅ[法主]1.[불교]법주 2.한 종파의 우두머리 (특히 真宗에서)
호슈	ほうしゅ[砲手] [명사] 포수
호슈	ほしゅう[補修][명사][스타동사] 보수
호시	별 星
호시끼	ほうしき[方式] 방식
호신	方針ほうしん 방침
호에루	ほえる[吠える·吼える] 으르렁 거리다
호요	ほよう[保養] 보양; 건강을 위하여 심신을 쉼; 휴양 (=동의어養生)
호요	ほうよう[抱擁][명사][스타동사] 포옹; 얼싸안음
호요	ほうよう[法要][명사] 법요; 법회(주로 장의(葬儀)·추선(追善) 공양)=法会
호요	ほうよう[包容] 포용
호우가고	ほうかご [放課後] 방과 후
호우가이	붕괴 崩壊ほうかい
호우게이	풍경
호우또	방도 ほうと[方途]

호우죠	包丁ほうちょう 부엌칼
호우후	ほうふ [豊富] 풍부
호이꾸	ほいく[保育] 보육
호이꾸시	ほいくし[保育士]
호죠	표정
호쥬	訪中ほうちゅう 방중
호쯔호유료또	ほっぽうりょうど [北方領土] 북방영토
호찌	ほうち[放置][명사][ス타동사] 방치
호찌	ほうち[法治][명사] 법치
호호	방법
호호에무	ほほえむ[ほほ笑む·頬笑む·微笑む]미소를 짓다[일반 -여기서 호호는 정말로 호호의 의미. 의성어]
혼까이	ほんかい[本会] 본회
혼끼니나루	ほんきになる[本気になる] 진지해지다
혼꼬	은행의 본점[本行]
혼꼬	본교
혼노	ほんの[本の] 그것밖에 안 되는, 단지
혼반	ほんばん[本番] 1.제대로 된 차례 2.연습이 아닌 실제 방송
혼소	ほんそう[奔走] 분주(히 하다)
혼쇼	ほんしょ[本書]1.본서 2.주된 문서
혼쇼	ほんしょう[本性][명사] 1.본성 2.본래 타고난 성질 (=동의어ほんせい)
혼야꾸	翻訳ほんやく 번역
혼지쯔	ほんじつ[本日]오늘

홋도	ほっと 한숨
홋도쓰루	ほっとする 한숨 놓다, 안심하다
홋베다	ほっぺた[頬っぺた] 뺨
후꾸	(피리를) 불다 ふえをふく [笛を吹く]
	[비법-후꾸하고 피리를 불다. 한국말로는 훅]
후꾸로	ふくろ[袋·嚢] 주머니[이께부꾸로-지명]
후꾸사쯔	複雑ふくざつ 복잡
후꾸이	ふくい[復位][명사][スㅈ자동사] 복위
후끼	ふうき[風紀][명사] 풍기
후도우	封筒ふうとう 봉투
후돈	布団 이불
	[비법-이는 한자를 읽었을 뿐이다]
후루	ふる[振る][5단활용 타동사] 1.흔들다 2.흔들어 휘두르다
후루	ふる[降る] 1.(비·눈·서리 등이) 내리다; 오다
	2.위에서 물건이 떨어지다
후로	ふろ[風呂] 목욕통
후루나지미	ふるなじみ[古なじみ·古馴染(み)] 오랜 친구
후루사또	ふるさと[古里·故里·故郷] 고향
후리가에루	ふりかえる[振(り)返る] 뒤돌아보다
후세끼	布石ふせき 포석
후세이꼬	ふせいこう[不成功] 불성공
후쇼	불상
후시끼(나)	불식(不識) 알지 못하는, 이상한

[비법-이 단어 자체가 바로 불식 즉, 알지 못한다는 의미를 자연스럽게 담고 있다]

후아후아또 두둥실

후안 불안

후안간 不安ふあん感かん

후에 피리 笛

[비법-피리는 한자로 적이지만 불때는 후 하고 불게 된다 그런 의성어가 반영이 되었다]

후왓도 ふわっと둥실

[비법-후와리도와 같은 설명이 가능]

후우게 ふうけい[風景] 풍경

후지유 不ふ自由じゆうだ

후죠샤 負傷ふしょう者しゃ 부상자

훈세끼 ふんせき [噴石]분석

훈와리 ふんわり 살짝, 사뿐

홋가쯔 ふっかつ[復活] 부활

홋도 ふっと 갑자기

효우시 ひょうし [拍子] 박자

히고꾸 ひこく[被告]

히고로 ひごろ [日ごろ·日頃] 평소

[비법-고로는 때를 의미하는데 날의 때이기에 평소가 된다]

히까꾸 ひかく[比較] 비교

히꾸 연주하다 彈

[비법-원래 히꾸는 끌어당기다이다. 그래서 획하는

	것도 나온다. 그래서 연주도 줄을 끓어당기는 것이기에 이렇게 해서 암기한다.
히끼	일기
히끼	-ひき[匹·疋] 마리, 필(匹)
히끼가에루	ひきがえる[蟇蛙·蟾蜍] 두꺼비 [비법-가에는 규가 된 것이다]
히끼가에루	교환하다 ひきかえる[引(き)換える·引(き)替える] [비법-그냥 바꾸기만 하면 가에루가 된다 있던 것을 없애고 새것을 두면 되니까 말이다 그런데 거기에 히끼가 붙어서 끌고와서 그 자리에 있던 것을 이 자리에 둔다는 의미가 된다]
히다도	ひたと[直と] 1.쭉 2.갑자기
히다루	ひたる[浸る·漬る] 빠지다 [비법-히다가 합쳐서 빠와 같다고 봐야 한다. 그런데 생각해보면 일본어에서 히바루는 좀 어색한 발음이다]
히다리	왼쪽
히다이	ひたい[額][명사] 이마 (=동의어おでこ)
히데리	가뭄 日
히도가게	ひとかげ[人影] 사람의 그림자
히도지쯔	인질
히도쯔마	ひとづま[人妻] 유부녀
히도사시	ひとさし[一指し][명사] 장기 따위의 한 판
히도사시	ひとさし[一差し][명사] (춤 따위의) 한 번; 한 판
히라이	ひらい[比来][명사] 근래; 요즈음

히레	ひれ[鰭] 1.지느러미 2.(요리에서) 지느러미의 살
히레이	ひれい[比例][명사][スㅈ자동사] 비례
히로우	ひろう [拾う] 1.(떨어진 것을) 줍다(↔ 반의어 捨てる) 2.골라내다 3.(많은 중에서) 뽑아내다 [비법-히로가 습이 된다. 이때는 습은 주울 습이 되어서 익힐 習과는 구별이 된다]
히로마	ひろま[広間] 마루, 큰방 [비법-히로이는 넓다는 뜻이고, 마는 마루로서 사이 간 또는 공간을 의미한다. 그래서 히로마는 거실 또는 큰 방이다]
히마	[명사] 1.손이 비어 있는 시간·상태 2.틈; 짬; 기회 3.한가한 상태 [비법-히마에서의 히는 히로이에서의 로이가 빠진 것이라고 봐야 한다. 그리고 마루는 마가 된다]
히마	ひま[隙] 1.물건과 물건의 사이; 간격; 틈 (= 동의어 すきま) 2.사이가 나쁨; 티격남; 불화 [비법-여기서의 히마도 ひま[暇·閑]와 같은 것이라고 보면 된다]
히미쯔	ひみつ[祕密] 비밀
히비	그날 그날 ひび[日日] [비법-원래 히히 가 되어야 하는데 발음의 문제로 히비가 된다]
히비꾸	ひびく[響く] 울리다 [비법- 히비끼- 한일양국에서 인기가 높은 일본 성인배우이름이 히비끼]

히사시	ひさし[庇·廂] 차양
히사시부리	ひさしぶり[久しぶり·久し振り] 오랜만에
히쇼죠	미소녀 びしょうじょ [美少女]
히시	ひし[皮脂] 피지
히요	비용
히요	일용
히요미나이	ひをみない [比を見ない] 유례가 없다
히이레	ひいれ[火入れ][명사] 담뱃불 따위의 불씨를 넣는 조그만 그릇
히자시	ひざし[陽ざし] 햇살(메자시와 비교)
히죠	ひじょう[非常]
히쯔요	ひつよう[必要] 필요하다
히쯔요노나이	ひつようのない 필요 없다
히쯔우	ひつう[悲痛] 비통
히쯔지	ひつじ[羊][명사] 양(=동의어めんよう)
힌곤	빈곤
힛구리가에스	ひっくりかえす[引っ繰り返す] 뒤집다 [일반-그냥 가에스 하면 바꾸다 돌리다인데, 거기에 힛꾸리가 붙은 형태이다]
힛시	必死ひっし 필사적으로

도 서 명: 항만공사직원을 위한 일본어 쉽게 공부하기
저　　자: 최단시간외국어연구회
초판발행: 2024년 11월 04일
발　　행: 수학연구사
발 행 인: 박기혁
등록번호: 제2020-000030호
주　　소: 서울특별시 영등포구 버드나루로 130 1층 104호(당산동, 강변래미안)
Tel.(02) 535-4960　Fax.(02)3473-1469

Email. kyoceram@naver.com

9001 고1,고2 내신 수학은 따라가지만 모의고사는 망치는 학생의 수학 문제 해결법
저자 수학연구소 / 19,500

9002 이공계 은퇴자와 강사를 위한 수학 과학 학습상담센터 사업계획 가이드
저자 수학연구소 / 19,500

9003 고3 재수생 수능 수학 만점, 양치기를 어떻게 바라보고 극복할 것인가
저자 수학연구소 / 19,500

9004 대학생들이 세상에서 가장 효율적으로 일본어를 정복하는 방법
저자 최단시간일본어연구회 / 19,500

9005 프랑스어를 꼭 공부해야 하는 대학생들이 쉽게 어려운 단어를 외우는 방법
저자 최단시간프랑스어연구회 / 19,500

9006 중국어를 빠르게 배우고 싶은 해외 파견 공무원들을 위한 책
저자 최단시간중국어연구회 / 19,500

9007 변리사들이 효율성 높게 일본어를 익히는 법
저자 변리사실무연구회 / 19,500

9008 세무사가 업무상 필요한 일본어 청취를 빠르게 습득하는 법
저자 세무사실무연구회 / 19,500

9009 심리상담사가 프랑스어 단어를 빠르게 익히는 방법
저자 상담심리실무연구회 / 19,500

9010 업무용 일본어 듣기의 효율성을 높이는 법: 해외파견공무원용
저자 공무원실무연구회 / 19,500

9011 관세사들이 스페인어 단어를 쉽고 빠르게 외우는 법
저자 관세사실무연구회 / 19,500

9012 스페인어 리스닝을 쉽게 하는 법: 해외파견금융기관직원을 위한 책
저자 금융실무연구회 / 19,500

9013 관사세가 알면 좋을 프랑스어 단어를 효율적으로 외우는 법
저자 관세사실무연구회 / 19,500

9014 법조인이 알면 좋을 스페인어 단어를 빠르게 익히는 법
저자 법조인실무연구회 / 19,500

9015 법조인이 알면 좋을 스페인어 단어를 빠르게 익히는 법
저자 법조인실무연구회 / 19,500

9016 미용 뷰티업계에서 알면 좋을 이탈리아어 단어 빠르게 외우는 법
저자 뷰티실무연구회 / 19,500

9017 간호대학생과 간호사 의학용어시험 만점! 심장순환계통단어 암기법
저자 의학수험연구회 / 19,500

9018 항공공항업계에서 알면 좋을 스페인어 단어 스피드 암기법
저자 항공공항실무연구회 / 19,500

9019 약사와 약대생을 위한 의학용어 만점암기법_ 심장순환계와 근육계
저자 의학수험연구회 / 19,500

9020 한의사와 한의대생을 위한 양의학용어 암기법_ 호흡기와 감각기
저자 의학수험연구회 / 19,500

9021 의료변호사를 위한 의학용어 암기법_ 소화기와 비뇨기
저자 의학수험연구회 / 19,500

9022 건강보험공단 직원과 취준생을 위한 의학용어 암기법_ 감각기와 호흡기
저자 의학수험연구회 / 19,500

9023 간호사 국가고시 합격기간 단축하기_ 1교시 성인간호, 모성간호
저자 의학수험연구회 / 19,500

9024 건강보험공단 직원과 취준생을 위한 의학용어 암기법_ 감각기와 호흡기
저자 의학수험연구회 / 19,500

9025 수의사와 수의대생을 위한 의학용어 암기법_ 근골계와 심장순환계
저자 의학수험연구회 / 19,500

9026 식품위생직, 식품기사 시험을 위한 식품미생물 점수 쉽게 따기
저자 식품위생연구회 / 19,500

9027 영양사 시험 스피드 합격비법_ 1교시 영양학, 생화학, 생리학 중심
저자 영양사시험연구회 / 19,500

9028 영양사 시험 스피드 합격비법_ 2교시 식품학, 식품위생 중심
저자 영양사시험연구회 / 19,500

9029 6급 기관사 해기사 자격 시험 스피드 합격비법
저자 해기사시험연구회 / 19,500

9030 재배학개론 농업직 공무원시험 스피드 합격비법
저자 공무원시험연구회 / 19,500

9031 식용작물학 농업직 공무원시험 스피드 합격비법
저자 공무원시험연구회 / 19,500

9032 수능 지구과학1 입체적 이해로 만점 받기
저자 수능시험연구회 / 19,500

9033 건축구조 건축직 공무원 시험 교과서 술술 읽히게 하는 책
저자 공무원시험연구회 / 19,500

9034 위생관계법규 조문과 오엑스 조리직 공무원시험
저자 공무원시험연구회 / 19,500

9035 자동차구조원리 운전직 공무원 시험 교과서 술술 읽히게 하는 책
저자 공무원시험연구회 / 19,500

9036 수의사와 수의대생을 위한 의학용어_ 암기법 소화기와 비뇨기
저자 의학수험연구회 / 19,500

9037 도로교통사고 감정사 1차 시험 교과서 술술 읽히게 하는 책
저자 자격증수험연구회 / 19,500

9038 위험물산업기사 필기시험 교과서 술술 읽히고 암기되게 하는 책
저자 자격증수험연구회 / 19,500

9039 소방관계법규 조문과 오엑스 소방직 공무원시험
저자 공무원시험연구회 / 19,500

9040 양장기능사 필기시험 교과서 술술 읽히고 암기되게 하는 책
저자 자격증수험연구회 / 19,500

9041 섬유공학 패션의류 전공자가 섬유가공학 술술 읽고 학점도 잘 받게 해주는 책
저자 섬유공학패션연구회 / 19,500

9042 의류복식사 술술 읽고 학점 잘 받게 해주는 섬유공학 패션의류 전공자를 위한 책
저자 섬유공학패션연구회 / 19,500

9043 반도체장비유지보수 기능사 필기 교과서 술술 읽히고 암기되게 하는 책
저자 자격증수험연구회 / 19,500

9044 4급 항해사 해기사 자격 수험서 술술 읽히고 암기되게 하는 책
저자 자격증수험연구회 / 19,500

9045 접착 계면산업 관련 논문 특허자료 술술 읽히고 암기되게 하는 책
저자 접착계면산업연구회 / 19,500

9046 재수삼수 생활로 점수 올려 대입 성공한 이야기
저자 오답노트컨설팅클럽 / 19,500

9047 치위생사 국가시험 수험서 술술 읽히고 암기되게 하는 책
저자 자격증수험연구회 / 19,500

9048 치위생사 국가시험 수험서 술술 읽히고 암기되게 하는 책_ 2교시 임상치위생처치 등
저자 자격증수험연구회 / 19,500

9049 가스산업기사 필기시험 수험서 술술 읽히고 암기되게 하는 책
저자 자격증수험연구회 / 19,500

9050 응급구조사 1,2급 시험 수험서 술술 읽히고 암기되게 하는 책
저자 자격증수험연구회 / 19,500

9051 떡제조기능사 시험 수험서 술술 읽히고 암기되게 하는 책
저자 자격증수험연구회 / 19,500

9052 임상병리사 시험 수험서 술술 읽히고 암기되게 하는 책
저자 자격증수험연구회 / 19,500

9053 의료관계법규 4대법 조문과 오엑스 뽀개기 의료기술직 공무원시험
저자 공무원시험연구회 / 19,500

9054 간호학 전공자가 간호미생물학 술술 읽고 학점도 잘 받게 해주는 책
저자 간호학연구회 / 19,500

9055 간호사 국가고시 합격기간 단축하기_ 2교시 아동간호, 정신간호 등
저자 의학수험연구회 / 19,500

9056 도로교통법규 조문과 오엑스 뽀개기 운전직 공무원시험
저자 공무원시험연구회 / 19,500

9057 전기공학부생들이 시험 잘 보고 학점 잘 따는 법
저자 기술튜터토니 / 19,500

9058 간호대학생들이 약리학을 쉽게 습득하는 학습법
저자 간호학연구회 / 19,500

9059 의치대를 목표하는 초등생자녀 이렇게 책 읽고 시험 보게 하라
저자 의치대보낸부모들 / 19,500

9060 지적관계법규 조문과 오엑스 뽀개기 지적직 공무원시험
저자 공무원시험연구회 / 19,500

9061 방송통신대 법학과 학생이 학점 잘 받게 공부하는 법
저자 법학수험연구회 / 19,500

9062 공인중개사 1차 시험 쉽게 합격하는 학습법
저자 법학수험연구회 / 19,500

9063 기술직 공무원 시험 쉽게 합격하는 학습법
저자 공무원시험연구회 / 19,500

9064 독학사 간호과정 공부 쉽게 마스터하기
저자 간호학연구회 / 19,500

9065 주택관리사 시험 빠르게 붙는 방법과 노하우
저자 자격증수험연구회 / 19,500

9066 비로스쿨 법학과 대학생들을 위한 공부 방법론
저자 법학수험연구회 / 19,500

9067 기술지도사 필기시험 빠르고 쉽게 합격하는 학습법
저자 자격증수험연구회 / 19,500

9068 감정평가사 시험 스트레스 낮추고 빠르게 최종 합격하는 길
저자 자격증수험연구회 / 19,500

9069 의무기록사 시험 합격을 위한 의학용어 암기법_ 순환계와 근골계
저자 의학수험연구회 / 19,500

9070 의무기록사 시험 합격을 위한 의학용어 암기법_ 소화기와 비뇨기
저자 의학수험연구회 / 19,500

9071 감정평가사 2차 합격을 위한 서브노트의 필요성 논의와 공부법
저자 자격증수험연구회 / 19,500

9072 감정평가사 민법총칙 최단시간 공부법과 문제풀이법
저자 자격증수험연구회 / 19,500

9073 게임 IT업계 직원이 영어를 빠르게 듣고 말할 수 있는 방법
저자 최단시간영어연구회 / 19,500

9074 IT 게임업계 직원이 효율적으로 빠르게 일본어를 습득하는 법
저자 최단시간일본어연구회 / 19,500

9075 게임회사 IT업계 직원이 프랑스어 단어를 빨리 익히는 법
저자 최단시간프랑스어연구회 / 19,500

9076 경영지도사가 빠르고 효율적으로 중국어를 배우는 법
저자 최단시간중국어연구회 / 19,500

9077 유튜버가 일본어 청취를 빠르게 익히는 방법
저자 최단시간일본어연구회 / 19,500

9078 법조인들이 알면 좋을 프랑스어 단어를 빠르게 익히는 법
저자 최단시간프랑스어연구회 / 19,500

9079 경영지도사에게 필요한 스페인어 단어 빠르게 익히기
저자 최단시간스페인어연구회 / 19,500

9080 일본어 JLPT N4, N5 최단시간에 합격하는 법
저자 최단시간일본어연구회 / 19,500

9081 관세사에게 필요한 이탈리아어 단어 빠르게 익히기
저자 최단시간외국어연구회 / 19,500

9082 일본 관련 사업을 하는 중개사를 위한 효율적인 일본어 듣기법
저자 최단시간외국어연구회 / 19,500

9083 일본 취업 준비생을 위한 일본어 리스닝과 단어 실력 빠르게 올리는 방법
저자 최단시간외국어연구회 / 19,500

9084 관세사에게 필요한 중국어 빠르게 습득하는 법
저자 최단시간외국어연구회 / 19,500

9085 누적과 예측을 통한 영어 말하기와 듣기 해답_ 해외진출자를 위한 책
저자 최단시간외국어연구회 / 19,500

9086 스페인어를 공부해야 하는 대학생들이 빠르게 단어를 숙지하는 법
저자 최단시간외국어연구회 / 19,500

9087 취업 준비 대학생은 인생 자격증으로 공인중개사 시험에 도전하라
저자 자격증수험연구회 / 19,500

9088 고경력 은퇴자에게 공인중개사 시험을 강력 추천하는 이유와 방법론
저자 자격증수험연구회 / 19,500

9089 효율적인 4개 국어 학습법과 외국어 실력 올리는 방법
저자 최단시간외국어연구회 / 19,500

9090 여성들의 미래대안 공인중개사 시험 도전에 필요한 공부 가이드
저자 자격증수험연구회 / 19,500

9091 해외파견근무직원들이 이탈리아어 단어 빠르게 익히는 방법
저자 최단시간외국어연구회 / 19,500

9092 영어 귀가 뻥 뚫리는 리스닝 훈련법
저자 최단시간외국어연구회 / 19,500

9093 열성아빠를 위한 민사고 졸업생의 생활팁과 우수 공부비법
저자 교육연구회 / 19,500

9094 유초등 아이 키우는 열정할머니를 위한 민사고 생활팁과 공부가이드
저자 교육연구회 / 19,500

9095 심리상담사가 일본어를 쉽게 배울 수 있는 노하우와 팁
저자 최단시간외국어연구회 / 19,500

9096 법조인을 위한 들리는 소리에 집중하는 외국어 리스닝과 단어 훈련법
저자 최단시간외국어연구회 / 19,500

9097 관세사를 위한 문법 상관없이 받아 듣고 적는 외국어 학습법
저자 최단시간외국어연구회 / 19,500

9098 민사고에 진학할 똑똑한 중학생을 위한 민사고 공부팁과 인생 이야기
저자 교육연구회 / 19,500

9099 해외파견근무직원들을 위한 프랑스어 단어 쉽게 배우기
저자 최단시간외국어연구회 / 19,500

9100 해외파견근무직원들이 일본어를 쉽고 빠르게 공부하는 방법
저자 최단시간외국어연구회 / 19,500

9101 대학생들이 이탈리아어 단어 쉽고 빠르게 익히는 법
저자 최단시간외국어연구회 / 19,500

9102 뷰티 화장품 업계에서 알면 좋을 스페인어 단어 쉽게 익히기
저자 최단시간외국어연구회 / 19,500

9103 인사고 진학에 갈등을 느끼는 딸바보 아빠를 위한 인생 조언과 공부법
저자 교육연구회 / 19,500

9104 유튜버를 위한 영어 리스닝과 스피킹 실력 빠르게 올리는 법
저자 최단시간외국어연구회 / 19,500

9105 해외파견직들을 위한 문법 없이 어학 공부하는 방법
저자 최단시간외국어연구회 / 19,500

9106 변리사가 프랑스어 단어를 쉽고 빠르게 배우는 법
저자 최단시간외국어연구회 / 19,500

9107 법조인이 알면 좋을 중국어 스피드 습득법
저자 최단시간외국어연구회 / 19,500

9108 임용고시 합격하려면 고시 노장처럼 공부하지 마라
저자 임용고시연구회 / 19,500

9109 임용고시 합격을 위한 조언_ 공부로 생긴 스트레스 공부로 풀어라
저자 임용고시연구회 / 19,500

9110 가맹거래사 시험 법학에 자신이 없는 사람들이 꼭 봐야 할 합격법
저자 자격증수험연구회 / 19,500

9111 가맹거래사 책이 쉽게 이해되지 않는 사람들을 위한 수험전략 가이드
저자 자격증수험연구회 / 19,500

9112 항공 및 공항 업계에서 알면 좋을 이탈리아어 단어 효율 암기법
저자 최단시간외국어연구회 / 19,500

9113 은퇴자를 위한 외국인과 만나는 게 즐거운 영어 리스닝 방법
저자 최단시간외국어연구회 / 19,500

9114 항공과 공항업계인을 위한 일본어 듣기와 단어 청크 단위 학습법
저자 최단시간외국어연구회 / 19,500

9115 유튜버가 프랑스어 단어에 쉽게 접근하고 익히는 법
저자 최단시간외국어연구회 / 19,500

9116 대학생이 필요한 스페인어 청취를 빠르게 습득하는 법
저자 최단시간외국어연구회 / 19,500

9117 해외파견직들을 위한 스페인어 단어 스피드 학습법
저자 최단시간외국어연구회 / 19,500

9118 관세사를 위한 직청직해 소리단어장 다국어 훈련법
저자 최단시간외국어연구회 / 19,500

9119 경비지도사 처음 도전하는 사람들이 꼭 알아야 할 시험 접근법
저자 자격증수험연구회 / 19,500

9120 유튜버가 이탈리아어 단어 효율적으로 익히는 방법
저자 최단시간외국어연구회 / 19,500

9121 관세사가 빠르고 쉽게 일본어 실력 올리는 법
저자 최단시간외국어연구회 / 19,500

9122 영어가 부족한 법조인을 위한 리스닝과 스피킹 효율 학습법
저자 최단시간외국어연구회 / 19,500

9123 미용 뷰티업계에서 알면 좋을 일본어 쉽게 접근하는 법
저자 최단시간외국어연구회 / 19,500

9124 대학생을 위한 외국어 공부법_ 문법은 버리고 소리에 집중하자
저자 최단시간외국어연구회 / 19,500

9125 심리상담사가 스페인어 단어를 효율적으로 배우는 방법
저자 최단시간외국어연구회 / 19,500

9126 대학생을 위한 다양한 외국어 쉽게 접근하게 해주는 가이드
저자 최단시간외국어연구회 / 19,500